नोबेल-पुरस्कार-सम्मानित भारतीय

₹ 125

ISBN : 9788174831828

NOBEL PURASKAR SAMMANIT BHARTIYA (Pen Portraits)

by Vishwamitra Sharma

मुद्रक : जी. एस. ऑफसेट, दिल्ली

शिक्षा भारती

1590, मदरसा रोड, कश्मीरी गेट, दिल्ली-110006

नोबेल-पुरस्कार-सम्मानित भारतीय

नोबेल पुरस्कार से सम्मानित भारतीयों के
जीवन-चरित्र और उनकी उपलब्धियां

विश्वमित्र शर्मा

शिक्षा भारती

क्रम

नोबेल पुरस्कार : महत्व और इतिहास

विश्व के अन्तर्राष्ट्रीय पुरस्कारों में नोबेल पुरस्कार का स्थान तथा महत्त्व सर्वोपरि है। इसकी स्थापना स्वीडेन के वैज्ञानिक-उद्योगपति एल्फ्रेड नोबेल ने उन्नीसवीं शताब्दी के अन्त में की थी तथा बीसवीं शताब्दी के प्रथम वर्ष 1901 से इसका दिया जाना आरम्भ किया गया था। आरम्भ में यह पाँच विषयों भौतिकी, रसायन शास्त्र, चिकित्सा, साहित्य तथा शान्ति के लिए दिया जाता था परन्तु 1969 से यह छठे विषय अर्थशास्त्र के लिए भी दिया जाने लगा। अब तक यह पुरस्कार साढ़े छह सौ से अधिक व्यक्तियों को दिया जा चुका है। भारत में यह केवल छह व्यक्तियों को प्राप्त हुआ है—रवीन्द्रनाथ ठाकुर, सी. वी. रामन, हरगोविन्द खुराना, सुब्रह्मण्यम चन्द्रशेखर मदर टेरेसा और अमर्त्य सेन। इनमें से तीन वैज्ञानिक हैं, एक साहित्यकार एक समाज सेवी और एक अर्थशास्त्री। अन्य एशियाई देशों की स्थिति देखते हुए यह संख्या सन्तोषजनक है।

प्रतिष्ठा के अतिरिक्त राशि की दृष्टि से भी यह पुरस्कार बहुत आगे है। इसकी राशि प्रति वर्ष बढ़ती ही चली जाती है। इन पुरस्कारों का चुनाव विशेष रूप से गठित समितियों द्वारा किया जाता है जिनके निर्णयों को बदला नहीं जा सकता।

स्वीडेन के निवासी अल्फ्रेड नोबेल ने 1895 में एक वसीयत करके इन पुरस्कारों का आरम्भ किया था जो अगले वर्ष ही उनका देहान्त हो जाने के बाद उनके ही नाम से प्रदान किए जाने लगे। अल्फ्रेड नोबेल वैज्ञानिक थे तथा अपने देश और यूरोप के अन्य कई देशों में उनका शोध कार्य

तथा व्यापार चलता था। उन्होंने डायनामाइट का आविष्कार किया था और इसके लिए वे प्रसिद्ध थे।

अल्फ्रेड नोबेल अपने जीवन काल में भी बहुत उदार, दानी तथा समाज सेवी थे और उन्होंने विवाह भी नहीं किया था। उन्होंने अपनी वसीयत में यह कहा कि उनकी चल-अचल सम्पत्ति का अधिकांश अर्थात् 3.1 करोड़ क्रोनर की निधि बनाकर उसे व्यापार में लगाया जाए तथा उससे होने वाली आय को प्रतिवर्ष मानवता के हितार्थ काम करने वाले व्यक्तियों को पुरस्कार के रूप में प्रदान किया जाए। पुरस्कार के पाँच क्षेत्रों की घोषणा भी उन्होंने अपनी वसीयत में ही कर दी थी। उपयुक्त व्यक्तियों के चयन के लिए उन्होंने तीन स्वीडिश संस्थाओं को नामजद कर दिया था, तथा एक विषय, शान्ति के लिए नारवे की संसद द्वारा एक विशेष समिति गठित करने की सिफारिश की थी। आरम्भ से ही पुरस्कारों की राशि अधिक थी जो अब निरन्तर बढ़ती रहकर बहुत अधिक हो गयी है। इसमें अल्फ्रेड का उद्देश्य यह था कि विजेता वैज्ञानिक धन की चिन्ता से मुक्त रहकर अपने कार्य में लगे रह सकें। यह वैज्ञानिक विकास का युग था और अल्फ्रेड नोबेल को विज्ञान की प्रगतियों में बहुत आस्था थी। उनका विश्वास था कि भविष्य में होने वाले अनुसंधानों तथा आविष्कारों से मानवता का बहुत कल्याण होगा और इनसे जनता की समृद्धि में भी वृद्धि होगी।

विज्ञान के अतिरिक्त साहित्य को भी पुरस्कारों में सम्मिलित करने के पीछे उनका मानना यह था कि श्रेष्ठ साहित्य द्वारा मानव मन तथा बुद्धि का परिष्कार होता है इसलिए इसे छोड़ देना उचित न होगा। उन्होंने स्वयं भी कई भाषाओं में कविता और निबंधों की रचना की थी। मित्रों को लिखे उनके पत्र भी साहित्य-गुण से भरपूर होते थे। इसी प्रकार मानवी भाईचारा अथवा शान्ति के लिए अलग पुरस्कार घोषित करने के पीछे भी उनकी दार्शनिक-नैतिक भावना थी जिसे वे मनुष्य में प्रसारित होते देखना चाहते थे। युद्धों से उन्हें घृणा थी और लोगों के आपसी झगड़ों को भी वे पसन्द नहीं करते थे। अंग्रेजी के कवि शैली के शान्तिवादी विचारों से वे प्रभावित थे।

अल्फ्रेड नोबेल का जीवन

स्वीडन की राजधानी स्टॉकहोम में 1833 में अल्फ्रेड नोबेल का जन्म हुआ था। उन्हें नोबेल नाम उनके गाँव के कारण मिला था। यह गाँव था नोविलोव जहाँ से उनके पुरखे आए थे। सत्रहवीं शताब्दी के अन्तिम वर्षों में उनके पितामह ने उपसला विश्वविद्यालय में प्रवेश लेते समय यह नाम धारण किया था। उन्होंने विश्वविद्यालय के रेक्टर की पुत्री से विवाह किया था।

अल्फ्रेड के पिता व्यवसायी थे और आविष्कारों में भी उनकी रुचि थी। परन्तु स्वीडेन में उनका दिवाला निकल गया जिस कारण उन्हें रूस जाना पड़ा। यहाँ भी उन्होंने शीघ्र ही उद्योग करके अपना कार्य आरम्भ कर दिया और सफल हुए। अल्फ्रेड उनके साथ ही गए थे। सेंट पीटर्सबर्ग में प्राइवेट शिक्षकों से उन्हें शिक्षा प्राप्त हुई। रसायन विज्ञान तथा भाषाओं का उन्होंने विशेष रूप से अध्ययन किया। उन्हें स्वीडिश, रूसी, अंग्रेजी, फ्रेंच और जर्मन भाषाएँ आ गईं। इसी के साथ जर्मनी, फ्रांस, इटली और अमेरिका की उन्होंने यात्राएँ कीं जिससे उनके वैश्विक भाव की नींव पड़ी। वे अपने पिता के साथ रसायन शास्त्री के रूप में काम करते रहे। कार्यों में सहयोग देने से स्वयं अल्फ्रेड की रुचि भी आविष्कारों में हुई और उसने 30 वर्ष की आयु में ही 'नोबेल इग्नाइटर' नामक एक प्रज्वलक का अविष्कार किया। विस्फोटकों के अनुसंधान में इसे महत्त्वपूर्ण आविष्कार माना जाता है। इसके कुछ वर्ष बाद उन्होंने डायनामाइट का आविष्कार किया जिसने खनिजों की खुदाई, भवन और सड़क निर्माण तथा सुरंग खोदने के कार्यों में क्रान्तिकारी योगदान किया। जो काम अब तक साधारण मशीनों तथा हाथ के सहारे धीरे-धीरे किए जाते थे, वे अब बहुत कम समय में किए जाने लगे। इसका पेटेन्ट 1866 में कराया गया। बाद में चलकर उन्होंने इसमें भी अनेक नए परिवर्तन किए। तोप, बन्दूक आदि हथियारों के लिए भी उन्होंने नए किस्म के सरल विस्फोटक तैयार किए।

अल्फ्रेड के दो भाई और भी थे, राबर्ट और लुडविग, जो रूस में ही रह गए थे और वहाँ अपने पिता के कारोबार की देखभाल करते थे। ये भी बड़े योग्य थे और ज़ारों के तत्कालीन पिछड़े हुए रूस में बाकू प्रदेश

में तेल के कुएँ खोदने का महत्त्वपूर्ण कार्य करने का श्रेय उन्हें ही प्राप्त है। ये सभी नोबेल बंधु बहुत उदार पूँजीवादी थे और उनके कर्मचारियों को अनेक सुविधाएँ प्राप्त थीं। उनकी फैक्ट्रियों में कभी हड़ताल नहीं हुई। आज भी रसायन के विविध क्षेत्रों में जो कार्य हो रहा है, उनमें से बहुतों का बीज इन्हीं फैक्ट्रियों में डाला गया।

इस प्रकार अल्फ्रेड नोबेल में दो बड़े गुण एक साथ एकत्र थे : वैज्ञानिक होना तथा व्यवसाय बुद्धि। अपने समय की दृष्टि से वे व्यवसायी भी बहुत उच्च कोटि के थे जिन्होंने न केवल दुनिया भर को अपना समझा बल्कि मजदूरों की उन्नति पर पूरा ध्यान दिया।

इन सब गुणों के बावजूद अल्फ्रेड बचपन से अस्वस्थ प्रकृति के व्यक्ति थे। वे सदा दुर्बल और बीमार रहे। शायद इसी कारण वे 'मूडी' भी बहुत थे। उनकी बातों में व्यंग्य होता था जो अक्सर काफी पैना होता था।

यूरोप का सबसे धनी घुमक्कड़

वे आजीवन अकेले रहे और उन्हें अपना परिवार अथवा घर कभी प्राप्त नहीं हुआ। काम के सिलसिले में उन्हें हमेशा घूमते रहना पड़ता था इसलिए उन्हें 'यूरोप का सबसे धनी घुमक्कड़' कहा जाने लगा। वे कहा करते थे–'मैं जहाँ काम करता हूँ, वहीं मेरा घर है, और मैं सब जगह काम करता हूँ।' यूँ छह देशों में उनके अपने मकान थे और पेरिस से बीस वर्षों तक उनके कार्यों का संचालन होता रहा। यह नगर उन्हें बहुत प्रिय था।

अल्फ्रेड जीवन के अन्तिम दिनों तक क्रियाशील रहे। 10 दिसम्बर, 1896 को इटली के सान रेमो नगर में उनका देहान्त हो गया। इस समय वे अकेले ही थे।

वसीयत और नोबेल पुरस्कार

मृत्यु से पूर्व अल्फ्रेड नोबेल ने एक वसीयत की। जैसा प्रायः सर्वत्र होता है, जनवरी, 1897 में जब वसीयत खुली तो सबसे पहले झगड़े खड़े हुए और अनेक दावेदारों ने उसका विरोध किया। दावेदार व्यक्ति ही नहीं, देश भी थे क्योंकि नोबेल के अनेक देशों में रहने के कारण उनकी राष्ट्रीयता

ही संदिग्ध मान ली गई। उन्होंने वसीयत लिखने में किसी वकील का सहयोग नहीं लिया था, इसलिए उसमें कानूनी कमियाँ भी निकाली गईं। कम से कम आठ यूरोपीय देशों में उनका कारोबार और सम्पत्ति फैली थी। स्वीडेन की संसद तथा स्वयं सम्राट ऑस्कर द्वितीय ने भी इसमें अड़चनें पैदा कीं।

नोबेल का एक युवा सहायक था, रैग्नार सोमन, जो अपने स्वामी पर अटूट श्रद्धा रखता था। उसे वसीयत में दो में से एक कार्यवाहक का अधिकार दिया गया था। उसने बाधाओं को दूर करने का जीतोड़ प्रयत्न किया और दो वर्ष बाद उसे लागू करवाने में सफलता प्राप्त की। रूसी शाखा के प्रमुख नोबेल के भतीजे इमानुएल ने भी बड़ा सहयोग दिया। नोबेल को स्वीडन का राष्ट्रीय नागरिक मान लिया गया और सम्राट ने वसीयत को स्वीकृति दे दी। संस्थाओं ने भी अनुबंध पर हस्ताक्षर कर दिए। एक नोबेल फाउंडेशन का गठन किया गया और विस्तृत नियमावली तैयार की गई जो 29 जून, 1900 को लागू कर दी गई।

नोबेल फाउंडेशन का कार्य

नोबेल फाउंडेशन एक स्वतन्त्र न्यास है जिसे धन के उपयोग का सम्पूर्ण अधिकार प्राप्त है। इसके छह सदस्य होते हैं जो स्वीडेन और नारवे के नागरिक होते हैं। रॉयल स्वीडिश अकादमी ऑव साइन्सेज को भौतिकी तथा रसायनशास्त्र के विजेता चुनने का दायित्व दिया गया; कैरोलिंस्का इन्स्टीट्यूट की नोबेल असेम्बली शरीर विज्ञान/चिकित्सा के क्षेत्र में विजेता का चयन करती है; स्वीडिश अकादमी साहित्य के क्षेत्र में चुनाव करती है; तथा नारवेजियन नोबेल कमेटी, जिसके पाँच सदस्य नारवे की संसद द्वारा मनोनीत किए जाते हैं, विशेषज्ञों की सहायता से शान्ति पुरस्कार का चयन करती है। प्रत्येक विषय में चुनाव के लिए दुनिया भर की महत्त्वपूर्ण संस्थाओं तथा वैज्ञानिकों से प्रस्ताव मँगाए जाते हैं।

प्रति वर्ष 1 फरवरी को सभी समितियाँ प्राप्त प्रस्तावों पर विचार करना आरम्भ कर देती हैं। फिर ये गुप्त रूप से अपने सुझाव तथा निष्कर्ष प्रवर समितियों को भेजती हैं। ये समितियाँ अन्तिम निर्णय करती हैं तथा अक्टूबर के मध्य तक यह काम पूरा कर लिया जाता है। इसके बाद क्रमशः पुरस्कारों

की घोषणा कर दी जाती है और 10 दिसम्बर, अल्फ्रेड नोबेल की पुण्यतिथि पर, दोनों देशों में समारोहपूर्वक विजेताओं को पुरस्कार प्रदान किए जाते हैं। स्वीडेन के सम्राट स्वयं पुरस्कार प्रदान करते हैं तथा ओसलो के समारोह में भी राजपरिवार उपस्थित रहता है।

वर्ष 2000 में नोबेल पुरस्कार की राशि लगभग 10 लाख क्रोनर या 5 करोड़ रुपए है।

रवीन्द्रनाथ ठाकुर

(1861-1941)

नोबेल पुरस्कार वर्ष–1913

रवीन्द्रनाथ ठाकुर के सम्बन्ध में जितना अधिक अध्ययन किया जाता है उतना ही अधिक उनकी विशेषताओं पर प्रकाश पड़ता जाता है। वे केवल कवि और साहित्यकार ही नहीं थे, वे एक ऐसे व्यक्ति थे जिन्होंने समाज-जीवन के प्रत्येक पक्ष पर अपनी छाप छोड़ी है।

अधिकांश व्यक्ति उन्हें कवि के रूप में जानते हैं क्योंकि उन्हें 1913 में उनकी कविता पुस्तक 'गीतांजलि' पर संसार का श्रेष्ठतम नोबेल पुरस्कार प्राप्त हुआ था। वास्तव में 'गीतांजलि' के कारण ही पश्चिम के विद्वानों ने भी उन्हें कवि के रूप में पहचाना। उनका कवि रूप भी इतना रहस्यमय है कि उसे समझना कुछ कठिन ही होता है।

पश्चिम के विद्वान अथवा साहित्यकार उन्हें 'टैगोर' के नाम से जानते हैं। बंगाल में, जहाँ के वे मूल निवासी थे, वे 'रवीन्द्रनाथ' के नाम से ही पहचाने जाते हैं। इतना लम्बा समय बीत जाने पर भी रवीन्द्रनाथ उसी प्रकार एक रहस्य बने हुए हैं जैसे प्रकृति की माया का निर्माण करने वाला अद्‌भुत शक्तिशाली कोई देवता अथवा महान पुरुष।

'ठाकुर' अथवा 'टैगोर' शब्दों के सम्बन्ध में संक्षिप्त खुलासा कर देना ठीक रहेगा।

वास्तव में दोनों शब्द एक ही हैं, 'टैगोर' ठाकुर शब्द का ही अंग्रेजी रूप है। ठाकुर शब्द का प्रयोग समृद्ध जागीरदार व्यक्ति के लिए किया जाता है। रवीन्द्रनाथ ने एक सम्पन्न, सरकार में प्रभावशाली और जागीरदार बनर्जी परिवार में जन्म लिया था।

ठाकुर परिवार के सम्बन्ध में खोज करने वाले लोगों का विश्वास है कि उनके पुरखा मूलतः उत्तर प्रदेश के नगर कन्नौज के रहने वाले थे। बंगाल के किसी अत्यन्त महत्त्वपूर्ण व्यक्ति ने उन्हें वहाँ से बुलाकर बंगाल में बसाया था। उन्हें पर्याप्त सम्पत्ति देकर स्थान परिवर्तन से हुई क्षति पूरी की थी। रवीन्द्रनाथ के दादा, परदादा ठाकुर नहीं कहलाते थे। जब वे बंगाल में आकर बसे तो उनकी विद्वता और सम्पन्नता से प्रभावित आस-पास रहने वाले सामान्य लोगों ने सम्मान से उन्हें 'ठाकुर' कह कर पुकारना प्रारम्भ किया। सम्भवतः यह 'ठाकुर' सम्बोधन उस समय बंगाल में रहने वाले ब्राह्मणों के लिए सम्मानित सम्बोधन समझा जाता था।

उन्होंने 7 वर्ष की अवस्था में ही बंगला भाषा में कविता लिखनी प्रारम्भ कर दी थी। इस प्रकार धीरे-धीरे कवि के रूप में बंगाल में उनके स्वीकार किए जाने की परम्परा प्रारम्भ हो चुकी थी। धीरे-धीरे बंगला भाषा के अन्य कवियों ने भी उनकी कवित्व शक्ति को स्वीकार कर लिया। लोगों ने यहाँ तक स्वीकार किया है कि रवीन्द्र बाबू एक सूर्य के समान हैं और वे उनके गिर्द परिक्रमा करने वाले उपग्रह हैं।

स्वाभिमान की एक झलक

रवीन्द्रनाथ ठाकुर ने उस आयु में कविता लिखना प्रारम्भ कर दिया था जब बालक के लिए पूरी तरह से अपनी मातृभाषा को समझना भी कठिन होता है। 15-16 की आयु में उनकी कविताएँ प्रकाशित भी होने लगी थीं। नोबेल पुरस्कार प्राप्त होने के बाद विदेशों के साथ-साथ सभी स्थानों से उन्हें मानद-उपाधियाँ और सम्मान के निमन्त्रण प्राप्त होने लगे। अनेक विश्वविद्यालयों ने उन्हें डॉक्टरेट की उपाधियाँ प्रदान कीं। ब्रिटिश सरकार ने उन्हें 'सर' के खिताब से सम्मानित किया। परन्तु रवीन्द्रनाथ टैगोर इतने अधिक सम्मानों से विभूषित किए जाने के बाद भी पूर्णतया सामान्य मानवी स्थिति में ही बने रहे। उन्हें अहंकार छू भी नहीं गया था। परन्तु वे इस बात से सतर्क थे कि जो लोग अब तक उनकी कविता की आलोचना करते आए थे उनके द्वारा किया जाने वाला सम्मान वास्तविक नहीं होगा। नोबेल पुरस्कार प्राप्त होने के बाद जब शिष्टमंडल उन्हें बधाइयाँ देने के

रवीन्द्रनाथ ठाकुर

लिए शान्तिनिकेतन पहुँचा तो उन्होंने उसे बैरंग लौटा दिया।

इस बात से यह भी स्पष्ट होता है कि भारतीय किसी व्यक्ति का सम्मान तभी करते हैं जब उसकी वास्तविकता का सिक्का विदेशी स्वीकार कर लेते हैं। परन्तु रवीन्द्र बाबू अपने कवि को भली प्रकार समझते थे और सम्भवतः इसलिए उन्होंने एक कविता में कहा था :

''सूर्य का प्रकाश अपना है,
उसे सरलतापूर्वक मंद नहीं किया जा सकता।''

अद्वितीय भाग्यवान कवि

विश्व के प्रायः सभी देशों के अपने राष्ट्रीय गान हैं और उनका निर्माण करने वाले कवियों के प्रति देशवासी सदा से उन्हें याद करते और उनका नमन करते रहे है। परन्तु सम्भवतः ऐसा अद्वितीय भाग्यवान कवि दूसरा नहीं दिखाई देता जिनके लिखे हुए गीत दो देशों ने अपने राष्ट्रगान के रूप में स्वीकार किए हों।

'जन-गण-मन' के सम्बन्ध में प्रायः सभी भारतीय जानते हैं कि यह रवीन्द्र बाबू का लिखा हुआ भारत सरकार द्वारा स्वीकृत राष्ट्रगान है।

इसी प्रकार जब बंगलादेश का निर्माण हुआ तो वहाँ के नेताओं ने रवीन्द्रनाथ ठाकुर का लिखा हुआ 'आमार सोनार बांग्लादेश' गीत को अपने राष्ट्रीय गान के रूप में स्वीकार किया।

कवि के रूप में एक और देन

रवीन्द्रनाथ ठाकुर जब पहली बार इंगलैंड गए और वहाँ के प्रमुख कवियों और साहित्यकारों की एक गोष्ठी में जब उन्होंने अपनी कविताओं का पाठ किया तो वे लोग उनसे बहुत प्रभावित हुए। इसका कारण उनकी विशिष्ट कल्पना शक्ति ही नहीं, उसमें दार्शनिकता का एक ऐसा पुट भी था जिससे पश्चिम के कवि लगभग अनभिज्ञ थे। अपनी कविताओं की यह अंग्रेजी प्रस्तुति उनकी अपनी बनाई हुई थी और इसकी एक विशेषता यह थी कि उनके गद्य और पद्य में ताल और लय इस प्रकार मिल गए थे कि दोनों को अलग करना कठिन था।

उनके लन्दन प्रवास में कविता पाठ से सबसे अधिक प्रभावित होने वाला एक ऐसा व्यक्ति था जो उसके बाद अंत समय तक भारत में ही एक भारतीय के रूप में रहा। उसका नाम था सी. एफ. एंड्रयूज। एंड्रयूज पहले भी दिल्ली में रह चुके थे। यहाँ वे सेंट स्टीफन्स कॉलेज में अंग्रेजी के प्रोफेसर थे। उस गोष्ठी में रवीन्द्र बाबू का कविता पाठ सुनने के बाद उन्होंने अपने आपको पूरी तरह रवीन्द्र बाबू को समर्पित कर दिया था।

भारतीय उपमहाद्वीप में पैदा होने वाले वे ऐसे व्यक्ति थे जिन्होंने कविता के द्वारा इस उपमहाद्वीप के निवासियों के दिल को जीत कर उन्हीं कविताओं के अंग्रेजी अनुवाद द्वारा पश्चिम अर्थात् शेष विश्व को भी प्रभावित किया। यह उनकी एक महान देन है।

कवि ने विश्व को जहाँ एक नवीन संस्कृति का सन्देश दिया था, वह विश्व के प्रतिदिन के हालात को देख कर अत्यन्त भावुक और चिन्तित भी हो उठता था। प्रमाण यह है कि 1913 में नोबेल पुरस्कार प्राप्त करने के बाद अन्य पुरस्कारों के साथ ब्रिटिश सरकार ने उन्हें 'सर' का खिताब भी दिया था। परन्तु जब भारतीय स्वतन्त्रता आन्दोलन अपनी चरम-सीमा पर था तो ब्रिटिश सरकार ने भारतीय जनता पर जो अत्याचार और ज़ुल्म किए थे, उनसे कवि का मन विचलित हो उठा। उसने इस बात की चिन्ता नहीं की कि वह एक विश्व-प्रसिद्ध कवि है। उसने अपने आपको भारतीय जनता से अथवा भारतीय उपमहाद्वीप से कभी अलग करके नहीं देखा। जब अमृतसर के जलियाँवाला बाग में ब्रिटिश सरकार के प्रतिनिधि ने निहत्थी जनता पर एक मात्र वहाँ से निकलने के मार्ग पर मशीनगन भिड़ा कर गोलियाँ चला कर भयंकर हत्याकांड किया तो कवि-हृदय द्रवित हो उठा। उन्होंने इसके विरोध में 'सर' का खिताब लौटा दिया। इसी प्रकार द्वितीय विश्व युद्ध के समय मानवीयता के नृशंस हनन पर भी वे चिन्तित हो उठे। उन्होंने उस समय 'प्रश्न' शीर्षक से एक कविता लिखी थी जिससे उनका दुख-दर्द और मन की व्यथा स्पष्ट होती है। उन्होंने लिखा था :

"आज मेरी वाणी अवरुद्ध हो चुकी है,
मेरी वीणा के स्वर भी मंद पड़ चुके हैं

काली अँधेरी रात ने मुझे अपना बंदी बना कर ख्वाबों की दुनिया
में भटका दिया है।
यह ऐसा क्यों है ?
अपनी आँखों में आँसू भरकर मैं पूछता हूँ
जिन लोगों ने तुम्हारे इस वायुमंडल में विष भर दिया है
जिन्होंने तुम्हारे प्रकाश को रोक दिया है
क्या तुम उनको कभी क्षमा कर सकोगे ?
क्या तुम कभी उनसे प्रेम कर सकोगे ?

ये सब बातें प्रकट करती हैं कि रवीन्द्रनाथ ठाकुर भारतीय उपमहाद्वीप के एक महत्त्वपूर्ण व्यक्ति होते हुए भी एक विश्व-व्यापी मानवता के प्रतीक थे।

यही कारण था कि जब उन्होंने शान्ति निकेतन के बाद विश्वभारती की स्थापना की तो वहाँ विश्व भर के छात्र ही नहीं, विश्व भर के विद्वान भी अध्यापन कार्य के लिए आने लगे।

अन्य लेखन प्रवृत्तियाँ

रवीन्द्र बाबू को विश्व ने जहाँ उनकी कविता के कारण प्रमुख रूप से स्वीकार किया परन्तु इसके साथ-साथ वे उपन्यास, कथा-कहानियाँ, नाटक आदि गद्य रचनाएँ भी करते थे। उनके उपन्यासों में 'गोरा', 'राजश्री', 'बांसुरी', 'घरे बाहिरे', 'योगायोग' और 'शेषेर कविता' आदि बहुत प्रसिद्ध हैं।

उनके कई कथा-संग्रह प्रकाशित हुए जिनमें 'काबुली-वाला' और 'पोस्ट-मास्टर' आदि कहानियाँ विश्व-भर में प्रसिद्ध हुईं।

प्रथम विदेश भ्रमण

रवीन्द्र बाबू पहली बार 16 वर्ष की अवस्था में सितम्बर, 1877 में इंग्लैंड गए और वहाँ लगभग एक वर्ष रहे। उन्होंने इंगलैंड के साथ-साथ यूरोप के अन्य देशों में भी भ्रमण किया। संभवतः एक वर्ष में ही भारत लौट आने का कारण यह था कि उन्हें यह यात्रा विशेष पसन्द नहीं आई। भारत आकर उन्होंने बंगला की 'भारती' नामक पत्रिका में अपने भ्रमण

का विस्तृत विवरण प्रकाशित करना प्रारम्भ किया। वस्तुतः उसके बाद से उनके लेखन का ऐसा सिलसिला प्रारम्भ हुआ जो अंत तक समाप्त नहीं हो सका।

'भारती' में लेखों के बाद उनका 'करुणा' नामक उपन्यास प्रकाशित हुआ। उसके कुछ ही समय बाद उन्होंने एक ऐसा नाटक लिखा जो कवितामय था। इस नाटक का नाम 'भग्न-हृदय' था। उनका उपन्यास 'सान्ध्य-संगीत' जब बंगला भाषा में प्रकाशित हुआ तो सभी साहित्य प्रेमी उनसे पूर्णतया परिचित हो गए। इस समय तक उनकी कविताएँ और अन्य साहित्य एक विशिष्ट विचारधारा के कारण लोगों को अपनी ओर आकृष्ट कर रहा था। उनकी प्रसिद्धि दिनों-दिन फैल रही थी। 'बाल्मीकि प्रतिभा' और 'काल-मृगया' दो संगीत काव्य भी इन्हीं दिनों प्रकाशित हुए, उसके बाद उन्होंने 'प्रभात संगीत' नाम से एक ऐसी श्रेष्ठ रचना दी जिसे उनकी अब तक की सर्वश्रेष्ठ कृति माना गया। भाव और द्वन्द्वों की दृष्टि से यह एक अनूठी रचना है। उसके बाद उनका 'विविध-प्रसंग' और 'बहु-ठकुरानीर हाट' रचनाएँ प्रकाशित हुईं।

1884 में रवीन्द्र बाबू कुछ समय के लिए करवार नामक स्थान पर रहे। यहाँ उन्हें प्राकृतिक दृश्यों ने बहुत प्रभावित किया। इसी वर्ष दिसम्बर मास में उनका विवाह हुआ। सम्भवतः यहीं पर उन्होंने 'प्रकृति-परिशोध' नामक पुस्तक की रचना की। उसके बाद वे कलकत्ता आ गए। यहाँ उन्होंने 'छवि ओ गान' नामक पुस्तक लिखी। इसमें एक निर्धन गृहस्थ की स्थिति का करुणापूर्ण चित्रण है। इसके बाद उन्होंने 'नलिनी' नामक दुखान्त नाटक लिखा। उनका दूसरा दुखान्त नाटक 'मायार-खेल' भी उन्हीं दिनों प्रकाशित हुआ। रवीन्द्र बाबू ने 'राजश्री' नामक उपन्यास लिखा जिसे बाद में नाटक के रूप में परिवर्तित करके इसका नाम 'विसर्जन' रखा गया।

रवीन्द्र बाबू ने आलोचना के क्षेत्र में भी काफी प्रसिद्धि प्राप्त की। उन दिनों कलकत्ता से 'आलोचना' नामक पत्रिका प्रकाशित होती थी। इस पत्रिका में उन्होंने अनेक महत्त्वपूर्ण निबंध लिखकर अपनी आलोचना शक्ति का परिचय दिया।

1887 ई. में रवि बाबू गाजीपुर (उत्तर प्रदेश) गए और वहाँ के प्राकृतिक

दृश्यों से आकर्षित होकर 'मानसी' के अधिकांश गद्य गीत लिखे। 'मानसी' भाव एवं रस की दृष्टि से विविधात्मक है—इसमें 'भैरवी' जैसी भाव-प्रवण कविता है और 'गुरु गोविन्द' एवं 'सूरदासेर प्रार्थना' जैसी शान्तरस की कविताएँ भी। इसमें हास्य-रस की कविता का भी अभाव नहीं है। 'बंगवीर' इसका एक उत्तम उदाहरण है।

'मानसी' के पश्चात् रवि बाबू का 'राजा ओ रानी' प्रकाशित हुआ। यह उच्चकोटि के नाटकों में गिना जाता है। गाजीपुर से लौटने के बाद रवि बाबू ने पिता की आज्ञानुसार अपनी जमींदारी की देख-भाल शुरू कर दी। उस समय उनकी अवस्था 33 वर्ष की थी। वे राष्ट्रीय ढंग की शिक्षा देने के सम्बन्ध में निबन्ध लिखने लगे और देश को नए ढंग से शिक्षित करने के आन्दोलन में लग गए। उनके भाषण 'भारती' में प्रकाशित होने लगे और वे राजनीतिक और दार्शनिक भावनाओं के केन्द्र से बन गए। जमींदारी का कार्य करते समय उन्हें अपनी जमींदारी में एक स्थान से दूसरे स्थान को जाना पड़ता था। इस समय उन्होंने बहुत-से प्राकृतिक दृश्य देखे और प्रजा की वास्तविक अवस्था का निरीक्षण किया। नदी के सम्बन्ध में कवि ने जो कविताएँ लिखीं, इन्हीं दिनों की हैं।

जमींदारी के कार्यों के साथ-साथ उनका लेखन कार्य भी चलता रहता था। इन्हीं दिनों उन्होंने 'चित्रांगदा' नामक नाटक की रचना की। इस नाटक का अंग्रेजी में भी अनुवाद प्रकाशित हुआ। 'चित्रागंदा' को उसके सौंदर्य वर्णन के कारण बहुत प्रसिद्धि प्राप्त हुई। इसके बाद 'सोनारतरी' छायावाद से प्रभावित काव्य प्रकाशित हुआ।

कुछ दिनों बाद 'चिन्ता' प्रकाशित हुई—इसमें सौन्दर्य का चरम विकास हुआ है। 'उर्वशी' नामक कविता की बहुत ख्याति फैली।

1895 ई. में उनकी 'साधना' प्रकाशित हुई। इसके बाद ही 'चैताली' प्रकाशित हुई। 1900 ई. तक इनकी तीन और प्रसिद्ध पुस्तकें, 'कल्पना', 'कथाकहानी' और 'क्षणिका' निकलीं।

1901 ई. में रवि बाबू 'बंग-दर्शन' नामक पत्रिका के सम्पादक हुए। उसमें उन्होंने फिर से जान डाल दी। उसी वर्ष.बोलपुर ग्राम में शान्ति निकेतन की नींव पड़ी और रवि बाबू अपना अधिकांश समय वहीं व्यतीत करने

लगे। कलकत्ता विश्वविद्यालय की शिक्षा-प्रणाली के विपरीत उन्होंने अपना शान्ति निकेतन पूर्णतया भारतीय संस्कृति के अनुकूल स्थापित किया था।

1901 ई. से 1907 ई. तक रवि बाबू ने उपन्यास लिखने की ओर विशेष ध्यान दिया। 1902 ई में उनकी पत्नी का देहान्त हो गया। इन्हीं दिनों आपने 'गोरा' नामक उपन्यास लिखा और अपने छोटे बच्चे को बहलाने के लिए उन्होंने 'कथा' और पत्नी के वियोग में 'स्मरण' लिखा।

1903 ई. में अंग्रेजी में 'दि रेक' प्रकाशित हुआ और 1904 ई. में देशभक्तिपूर्ण पद्यों का संग्रह। 1905 ई. में 'खेया' निकली। इन्हीं दिनों उनके छोटे बच्चे की मृत्यु हुई।

रवीन्द्र बाबू केवल कवि ही नहीं थे, वे दार्शनिक, वक्ता, लेखक, समालोचक और सम्पादक होने के साथ-साथ बहुत अच्छे शिक्षक भी थे। अनेक पत्रों के सम्पादन के साथ-साथ उस समय की सुप्रसिद्ध पत्रिका 'मॉडर्न-रिव्यू' में भी वे अंग्रेजी में लेख लिखने लगे। इन दिनों इस पत्र की विशिष्ट सम्पादन शैली और इसके महत्त्वपूर्ण लेख सभी विद्वानों के लिए आदर का विषय थे। इस पत्रिका में प्रकाशित उनके लेखों को विदेशी पत्र-पत्रिकाओं में भी उद्धृत किया जाने लगा। इससे उनकी प्रसिद्धि विश्व भर में फैलने में सहायता मिली।

रवीन्द्र बाबू के नाम के साथ 'गीतांजलि' का नाम जुड़ा है। इसी अद्भुत काव्य-रचना पर उन्हें नोबेल पुरस्कार दिया गया था।

'गीतांजलि' क्या है ? वास्तव में यह बंगाल की गीता मानी जाती है। उन दिनों तो घर-घर में इसका पाठ होने लगा था। जब इस 'गीतांजलि' का अंग्रेजी अनुवाद प्रकाशित हुआ तो रवीन्द्र बाबू संसार के श्रेष्ठतम विभूतियों में गिने जाने लगे।

रवीन्द्र बाबू ने साहित्य के क्षेत्र में कार्य करके विश्व के मानचित्र पर अपना जो एक सुनिश्चित स्थान बनाया उसके कारण भारत को भी संसार के लोगों ने श्रद्धा और सम्मान की दृष्टि से देखा।

उन्होंने भारतीयों को जहाँ अपना प्रेम दिया और उनके कल्याण की कामना की वहाँ उन्होंने विदेशी साहित्यकारों को भौतिकवाद से मुक्त करके दार्शनिकता की ओर भी प्रेरित किया। वैसे तो उन्हें विश्व मानव कहा जाना

चाहिए परन्तु उनका दिल भारतीय मानव के कल्याण के लिए हर समय लालायित रहता था। वे कहा करते थे कि हमारी भारत भूमि बहुत महान है। इसकी नदियाँ, निर्झर-नाले इसकी माला हैं—जिससे वह सुशोभित है। इस पुण्य भूमि का मानव ही देवता है। मैं इसकी वंदना करता हूँ :

हे मोर चित्त पुण्यतीर्थे जागोरे धीरे,
एई भारतेर महामानवेर सागर तीरे,
हेथाय दाणये दुबाहु बड़ाए
नमी नर देवतारे उदार छंदे परमानन्दे
वन्दना कोरि तारे ध्यान गम्भीर एईजे भूधर
नदी जप माला धृत प्रान्तर
हेथाय नित्य हेरी-पवित्र धरित्रीरे
एई भारतेर महामानवेर सागर तीरे।

रवीन्द्र नाथ ने कविता, साहित्य, शिक्षा आदि अनेक क्षेत्रों के साथ-साथ संगीत को भी अपनी प्रतिभा से आलोकित किया। रवीन्द्र संगीत अपने आप में अनूठा एक ऐसा संगीत है जो बंगला भाषा को पूर्णतया नहीं समझने वाले व्यक्तियों को भी आनन्द से सराबोर कर देता है।

प्रारम्भिक जीवन

रवीन्द्र बाबू का युग बंगाल का पुनर्जागरण काल कहा जाता है। इन दिनों बंगाल के प्रत्येक सामाजिक क्षेत्र में एक महान उथल-पुथल हुई।

रवीन्द्रनाथ का जन्म बंगाल के एक सुप्रसिद्ध ठाकुर परिवार में हुआ था जिन्हें समाज का एक महत्त्वपूर्ण नेता माना जाता था। इनके पिता का नाम महर्षि देवेन्द्र नाथ ठाकुर था। महर्षि देवेन्द्र नाथ ब्रह्म समाज के नेता थे। यह एक ऐसी विचारधारा थी जिसका सम्बन्ध पुरातन से होते हुए भी नवीन विचारधारा की ओर बढ़ने का उद्देश्य था। महर्षि देवेन्द्र नाथ और परिवार पर सरस्वती तथा लक्ष्मी दोनों की कृपा थी। रवीन्द्रनाथ का जन्म उनके कलकत्ता स्थित जोड़ासांको मोहल्ले के घर में 7 मई, 1861 को हुआ था।

रवीन्द्रनाथ तथा घर-परिवार के अन्य बच्चों की शिक्षा का प्रबन्ध घर पर ही किया गया था। कुछ दिन के लिए वे स्कूल भी गए परन्तु स्कूल की कुछ घटनाएँ ऐसी थीं जिनके कारण उनके मन में स्कूल के प्रति विशेष प्रेम नहीं रहा। इसलिए उन्हें घर पर पढ़ाने के लिए अंग्रेजी तथा अन्य विषयों के श्रेष्ठ अध्यापकों का प्रबन्ध किया गया।

इस घर में बच्चों की देखभाल इस ढंग से की जाती थी कि वे बाहरी गलत वातावरण से मुक्त रहें। परिवार के सदस्यों और बच्चों को एक नियमित आचरण में रखने के लिए शिक्षित आयाएँ और अन्य सेवकों का प्रबन्ध किया गया था। सारा समय घड़ी की सूइयों के अनुसार नियम से चलता था। पढ़ने, सोने, खाने, खेलने और आराम करने का समय बंधा हुआ था। परन्तु रवीन्द्रनाथ को यह पसन्द नहीं था।

दोपहर के समय जब सब ऊँचे-ऊँचे दरवाजों पर से पर्दे खींच लिए जाते थे और सिटकनी बन्द करके आया दरवाजे पर बैठकर ऊँघने लगती थी तो बालक रवीन्द्रनाथ के लिए असम्भव हो जाता था कि वह नींद आने के बिना नींद का नाटक करें। वह धीरे-धीरे से उठता और सोए हुए बच्चों तथा अन्य अभिभावकों को धीरे से लाँघता हुआ दरवाजे पर पहुँच कर एक स्टूल रखता और अपने नन्हें-नन्हें हाथों से सिटकनी खोल कर धीरे से बाहर चला जाता। फिर वह धीरे से सीढ़ियाँ चढ़ता हुआ छत पर पहुँच जाता। मकान के चारों ओर जो बगीचा था उसमें कुछ बड़े-बड़े पेड़ भी थे जिनकी टहनियाँ घर की मुंडेर तक पहुँच चुकी थीं। वहीं मुंडेर के पास भिन्न प्रकार के अचार और मुरब्बों के मर्तबान धूप खा रहे होते। बालक रवीन्द्र मुंडेर पर बैठकर इन सबका आनन्द लेता।

इस प्रकार बचपन से ही उसके मन में एक अनोखे कवि ने घर कर लिया था।

महर्षि देवेन्द्र नाथ तथा घर के अन्य बुजुर्गों का अधिकांश समय समाज सेवा, साधना, स्वाध्याय और चिन्तन में बीतता था। इन सब बातों का प्रभाव रवीन्द्रनाथ पर भी पड़ना आवश्यक था। महर्षि देवेन्द्र नाथ का स्नेह रवीन्द्रनाथ को ही सबसे अधिक मिला क्योंकि वे अपने भाई-बहनों में सबसे छोटे थे। वे जहाँ कहीं भी जाते बालक को अपने साथ अवश्य ले जाते।

बोलपुर में उनकी जमींदारी थी। एकान्त होने के कारण महर्षि इस स्थान को बहुत पसन्द करते थे। जब भी वे यहाँ आते तो बालक रवीन्द्र को अपने साथ अवश्य लाते।

उन्हें समाज-सेवा तथा ब्रह्म समाज के कार्यों के सम्बन्ध में अनेक स्थानों पर भी जाना पड़ता था। एक बार वे हिमालय की यात्रा पर भी गए थे और बालक रवीन्द्रनाथ को अपने साथ ले गए थे।

16 वर्ष की अवस्था तक रवीन्द्रनाथ ने घर पर ही रहकर अध्ययन किया। 17 वर्ष की आयु में पिता ने इन्हें और अधिक अध्ययन के लिए इंगलैंड भेजा। इंगलैंड में इन्होंने विशेष रूप से अंग्रेजी भाषा और साहित्य का अध्ययन किया।

मृणालिनी देवी से विवाह

इंगलैंड से आने के बाद उन्होंने अपना सारा समय साहित्य साधना में लगाना प्रारम्भ कर दिया। उनकी रचनाएँ बंगाल की 'साधना' और 'बंग-दर्शन' आदि पत्रिकाओं में प्रकाशित होने लगीं। 22 वर्ष की आयु में उनका विवाह मृणालिनी देवी से हुआ। पत्नी के सहयोग से उनकी साहित्य साधना और अधिक प्रखर हो उठी।

महर्षि देवेन्द्र नाथ अब काफी बूढ़े हो चले थे और उन्होंने अपना प्रायः सभी उत्तरदायित्व रवीन्द्रनाथ पर डाल दिया था। रवीन्द्रनाथ ने बोलपुर आकर शान्ति निकेतन की स्थापना की। यहाँ वृक्षों के नीचे बैठकर बच्चों को शिक्षा दी जाती थी। यही शान्ति निकेतन आगे चलकर विश्व भारती के रूप में विश्वविद्यालय बना। विश्व भारती के सम्बन्ध में अधिक व्याख्या करने की आवश्यकता नहीं है।

इन्हीं दिनों उनकी पत्नी का देहान्त हो गया। 1905 में उनके पिता उन्हें छोड़ कर चल बसे। फिर एक-एक करके उनकी छोटी पुत्री और बेटे का भी निधन हो गया। किसी सहृदय व्यक्ति के लिए इस प्रकार की दारुण घटनाएँ सहन करना अत्यन्त कठिन था। रवीन्द्रनाथ का दिल भी टूट चुका था परन्तु साहित्य साधना में लगे रहने के कारण वे यह सब झेलने में समर्थ हुए।

गाँधीजी से सम्पर्क

शान्ति निकेतन की स्थापना से पूर्व ही रवीन्द्र बाबू का महात्मा गाँधी से सम्बन्ध स्थापित हो चुका था। परन्तु जब 1905 में बंग-भंग आन्दोलन प्रारम्भ हुआ तो गाँधी जी उनके और अधिक निकट आ गए। बंग-भंग आन्दोलन के समय रवीन्द्रनाथ के गीतों ने जनता के उद्बोधन का महान कार्य किया। गाँधी जी इससे बहुत प्रभावित हुए। वे उन्हें बहुत आदर से 'गुरुदेव' कह कर पुकारने लगे जो बाद में उनके नाम के साथ ही जुड़ गया।

नोबेल पुरस्कार की राशि

1913 में जब गीतांजलि पर पुरस्कार के रूप में उन्हें एक बड़ी राशि प्राप्त हुई तो उन्होंने इसको एक ट्रस्ट के द्वारा व्यय करने का निश्चय किया। इस ट्रस्ट द्वारा एक बैंक की स्थापना की गई। उस बैंक द्वारा मजदूरों और किसानों को बहुत कम ब्याज पर आसान किश्तों में कर्ज दिए जाने की व्यवस्था की गई। इस प्रकार उन्होंने समाज के एक पिछड़े हुए वर्ग को ऊपर उठाने का प्रयत्न किया।

पुरस्कार की कुछ राशि विश्व भारती के खर्चे चलाने के लिए भी प्रयोग में लाई जाने लगी। परन्तु रवीन्द्र बाबू ने जो बड़े-बड़े कार्य प्रारम्भ कर दिए थे उनके लिए यह राशि पर्याप्त नहीं थी। उस समय इस महान व्यक्ति ने जो अनूठा त्याग किया वह सबके लिए अनुकरणीय है।

बाउल नर्तक के रूप में

विश्व भारती के खर्चे सुचारू रूप से चलाने के लिए रवीन्द्र बाबू ने अपने कुछ साथियों को लेकर बाउल नर्तकों का बाना धारण कर लिया और धन एकत्र करने के लिए देश के दौरे पर निकल पड़े। विश्व भर में सम्मानित एक कवि के लिए यह कार्य एकदम अनोखा ही नहीं समाज के प्रति अपने उत्तरदायित्वों को निभाने की दृष्टि से महत्त्वपूर्ण था।

सबसे पहले वे उत्तर भारत के दौरे पर गए। रवीन्द्र बाबू का नाम सुनकर जहाँ भी इस प्रकार का समारोह होता। जनता आ जुटती। घूमते

हुए वे दिल्ली पहुँचे। गाँधी जी उन दिनों कश्मीरी गेट स्थित अपने एक धनी भक्त के पास ठहरे हुए थे। गाँधी जी को जब इसका पता चला तो उन्हें महान आश्चर्य हुआ। श्रद्धा से उनका मस्तक गुरुदेव के प्रति झुक गया। उन्होंने पहले तो अपने धनी मित्रों और सहयोगियों से धन एकत्र करके गुरुदेव को समर्पित किया, फिर जवाहरलाल नेहरू को एक प्रकार से आदेश दिया कि सरकार की ओर से विश्व भारती विश्वविद्यालय के लिए मान्यता के साथ-साथ इतनी धन राशि का प्रबन्ध कर दिया जाए कि गुरुदेव को इस आयु में उसके लिए धन एकत्र करने के लिए श्रम न करना पड़े।

बहुआयामी जीवन

रवीन्द्र बाबू के जीवन से यह स्पष्ट है कि उनका जीवन इतनी विविधताओं से पूर्ण था जिसके सम्बन्ध में सामान्य व्यक्ति कल्पना भी नहीं कर सकता।

शिक्षा के क्षेत्र में उन्होंने बिलकुल नवीन प्रयोग किए। इन सबके अतिरिक्त उन्होंने जीवन के अन्तिम वर्षों में दो हजार से अधिक चित्रों का भी निर्माण किया जो जगत की थाती बन चुके हैं।

रवीन्द्रनाथ ठाकुर ने अपनी एक 'प्रशान्त' शीर्षक कविता में अपने कार्यों की ओर संकेत करते हुए लिखा है :

"श्रम से भरे हुए उत्तेजित दिन समाप्ति की ओर बढ़ रहे हैं
उफनती हुई नदियाँ अपने लक्ष्य समुद्र की ओर बढ़ रही हैं
उतावले बसंत के फूल फल की आशा में खिलने को उत्सुक हैं
अनवरत परिश्रम सम्पूर्णता और शान्ति की ओर बढ़ रहा है।"

पुरस्कार और सम्मान

नोबेल पुरस्कार : 1913, यह पुरस्कार प्राप्त करने वाले प्रथम व्यक्ति थे पूरे एशिया भर में।

'सर' का खिताब परन्तु 1919 में इस खिताब का परित्याग।

अनेक विश्वविद्यालयों द्वारा डॉक्टरेट की मानद उपाधियाँ।

सी. वी. रामन

(1888-1970)

नोबेल पुरस्कार वर्ष—1930

डॉ. चन्द्रशेखर वेंकट रमन पूर्णतया भारतीय वैज्ञानिक थे। इसका अर्थ यह है कि अधिकांश अन्य भारतीयों के समान उन्हें कभी विदेशों में जाकर शिक्षा ग्रहण करने का अवसर नहीं मिला। उन्होंने जो कुछ सीखा, विज्ञान के सम्बन्ध में जो कुछ अध्ययन किया वह पूर्णतया भारतीय था। इसके साथ-साथ उनकी एक विशेषता यह है कि उन्हें भारत ही नहीं, एशिया भर में विज्ञान के लिए सर्वप्रथम विश्व का सर्वोत्तम नोबेल पुरस्कार दिया गया। इस प्रकार उन्होंने यह सिद्ध कर दिया कि भारतीय वैज्ञानिकों में प्रतिभा की कमी नहीं है।

डॉ. रामन को 1930 में नोबेल पुरस्कार प्राप्त हुआ था। यों तो डॉ. रामन ने विज्ञान के अनेक क्षेत्रों में महत्त्वपूर्ण कार्य किया है परन्तु उन्होंने प्रकाश के क्षेत्र में जिन महत्त्वपूर्ण रहस्यों को प्रकाशित किया, उन्हीं के कारण नोबेल पुरस्कार से सम्मानित किया गया था।

प्रकाश की बात आते ही इस बात का ध्यान आता है कि प्रकाश और अन्धकार में अन्तर वही व्यक्ति सबसे अच्छी तरह बता सकता है जो पूर्णतया प्रकाश से वंचित हो। प्रकाश के सम्बन्ध में एक बात यह भी कही जाती है कि बहुत से व्यक्ति अपने जीवन के किसी विशेष अवसर पर प्रकाश से वंचित होते हैं। परन्तु क्या आप उन व्यक्तियों की कल्पना कर सकते हैं जिन्होंने जन्म से ही प्रकाश के कभी दर्शन न किए हों ? वे प्रकाश के सम्बन्ध में कुछ भी नहीं जानते क्योंकि उनकी आँखों में वह शक्ति नहीं जहाँ से प्रकाश टकरा कर आँखों तक पहुँचता है और हम बाह्य वस्तु के रूप-रंग को देखकर अथवा उसकी उपयोगिता को भांप कर उसका आनन्द

लेते अथवा उसका उपयोग करते हैं।

इस संसार में प्रकाश का सबसे बड़ा स्रोत सूर्य है। रात्रि के समय हमें ऐसा भी प्रतीत होता है कि चन्द्रमा भी प्रकाश का एक महत्त्वपूर्ण स्रोत है। परन्तु आज विज्ञान के छात्र अथवा अन्य लोग यह भलीभाँति जानते हैं कि चन्द्रमा का अपना प्रकाश नहीं होता, वह सूर्य के प्रकाश से ही प्रकाशित होता है। पूर्णिमा का पूरा चाँद भी सूर्य के प्रकाश की तुलना में कुछ भी नहीं।

प्रकाश के सम्बन्ध में डॉ. रामन से पूर्व भी अनेक बातों का विवेचन किया गया था परन्तु रामन ने प्रकाश के सम्बन्ध में जो निष्कर्ष निकाले उनका सम्बन्ध प्रकाश किरणों के गुण धर्म की खोज करना और उनका स्पष्ट विवेचन करना था। उनके निर्णयों को इतना महत्त्वपूर्ण माना गया कि उन्हें 'रामन प्रभाव' नाम से सम्बोधित किया गया।

डॉ. रामन के इस अनुसंधान का सम्बन्ध भौतिक विज्ञान से है। भौतिक विज्ञान पर किसी एशियाई को मिलने वाला यह प्रथम पुरस्कार था।

अपूर्व निष्ठा

डॉ. सी. वी. रामन का यह कार्य अपूर्व निष्ठा का एक ऐसा उदाहरण है जिसकी तुलना आर्किमिडीज जैसे धुन के पक्के लोगों से की जा सकती है। वास्तव में मनुष्य जब अपने लक्ष्य के प्रति पूर्ण निष्ठा से काम करता है तो उसे अवश्य सफलता प्राप्त होती है। विज्ञान के सभी अनुसंधान इस बात के प्रमाण हैं। डॉ. सी. वी. रामन उसी प्रकार की तन्मयता के प्रतीक थे। विज्ञान और उसके सम्बन्ध में अपने विचारों को चरम सीमा तक पहुँचाने की उनकी लगन एक प्रकार से पागलपन की सीमा तक पहुँच चुकी थी। उनकी रुचि प्रारम्भ से ही विज्ञान के प्रति थी परन्तु उनके स्वास्थ्य तथा उस समय की ब्रिटिश सरकार की नीतियों के कारण उन्हें विज्ञान सम्बन्धी अपना निर्णय लागू करने का अवसर नहीं मिला। उनकी योग्यता के कारण भारत सरकार ने उन्हें बड़ी से बड़ी नौकरियाँ दीं। परन्तु विज्ञान के प्रति उनका मोह कभी कम नहीं हुआ। उदाहरण के लिए बात कलकत्ता की है। उन दिनों वे कलकत्ता के अकाउटेंट जनरल के कार्यालय में असिस्टेंट अकाउंटेंट जनरल थे (अकाउंटेंट जनरल उस समय केवल किसी अंग्रेज को ही बनाया जाता था।)

सी. वी. रामन

सायंकाल का समय था और लोग दफ्तर से छूट कर अपने घरों की ओर भाग रहे थे। रामन भी कलकत्ता की ट्राम से अपने घर जाने की धुन में थे। जब वे बाहर झाँक रहे थे तो उन्हें दूर से एक बोर्ड दिखाई दिया। उस पर लिखा था इंडियन साइंस इंस्टीट्यूट। उस बोर्ड को देखते ही वे चलती ट्राम से कूद पड़े और जा पहुँचे उस संस्था में। विज्ञान के प्रति आकर्षण के कारण उन्होंने इतनी बड़ी सरकारी नौकरी छोड़ कर भारतीय विज्ञान परिषद् में काम करने का निश्चय किया। उन दिनों सर आशुतोष मुखर्जी यहाँ के सर्वेसर्वा थे और उनका यही प्रयत्न रहता था कि शिक्षा के क्षेत्र में कलकत्ता को भारत में अग्रिम स्थान प्राप्त हो। उन्होंने डॉ. रामन की योग्यता को समझा और उन्हें विज्ञान परिषद् में कार्य करने के लिए नियुक्त कर दिया।

परिवार, जन्म और शिक्षा

डॉ. रामन दक्षिण भारत के एक ब्राह्मण परिवार में पैदा हुए थे। इनके पूर्वज खेती-बाड़ी और जमींदारी का काम करते थे। इनकी जमींदारी तंजौर जिले के अय्यमपेट के पास एक गाँव में थी। इनके पिता ने अपने गाँव से चिपटे रहने के पुराने विचारों को त्यागकर उन्नति की राह पर कदम बढ़ाए और तिरुचिरापल्ली नामक नगर में आ गए। इसी नगर में रामन का जन्म 7 नवम्बर, 1888 को हुआ। रामन के पिता चन्द्रशेखर तिरुचिरापल्ली के एक स्कूल में मास्टर थे और प्राइवेट बी. ए. परीक्षा की तैयारी कर रहे थे। उनके मुख्य विषय भौतिक विज्ञान और गणित थे। बी. ए. करने के बाद वे वहीं के एक कॉलेज में ये दोनों विषय पढ़ाने लगे।

डॉ. रामन की माता का नाम था पार्वती अम्मल। अच्छा पढ़ा-लिखा परिवार, फिर भी और अधिक पढ़ने की धुन। अम्मल के पिता को एक बार न्यायशास्त्र पढ़ने की धुन सवार हुई। उन दिनों न्यायशास्त्र के पंडित बंगाल में ही हुआ करते थे। बस फिर क्या था—चल दिए पैदल। ऐसे धुनी परिवार का बेटा अपनी लगन का पक्का क्यों न होता। इस प्रकार साहस, निष्ठा और ज्ञान प्राप्ति की धुन के गुण रामन को विरासत में मिले थे।

जिस समय बालक रामन को स्कूल भेजा गया, उस समय इनके पिता विजगापट्टम के वाल्तेयर कॉलेज में गणित और भौतिक विज्ञान के अध्यापक

थे। वाल्तेयर कॉलेज के प्रिंसिपल थे आयंगर साहब। वह अंग्रेजी पढ़ाते थे। बालक रामन ने बचपन में बढ़िया अंग्रेजी सीखने की प्रेरणा आयंगर साहब से ली और भौतिक विज्ञान के प्रति प्रेम अपने पिता से लिया।

अक्षर ज्ञान होते ही उनमें पढ़ने की ऐसी भूख जागी कि दिन-रात पुस्तकों से घिरे रहते थे। इससे स्वास्थ्य खराब हो गया और कुछ समय के लिए उन्हें अध्ययन कार्य भी छोड़ देना पड़ा तो भी 12 वर्ष की छोटी सी आयु में उन्होंने मैट्रिक की परीक्षा बड़े सम्मान से पास की।

तभी रामन फिर बीमार पड़े और बीमारी की हालत में ही उन्होंने श्रीमति एनी बेसेण्ट के भाषण सुने। उन दिनों अनेक सम्मानित भारतीय श्रीमति बेसेण्ट की विचारधारा से प्रभावित थे। रामन पर कुछ ऐसा जादू चढ़ा कि उन्होंने सब कुछ छोड़कर धार्मिक ग्रन्थों का पारायण प्रारम्भ कर दिया और एक झोंक में अनेक धर्मग्रन्थ पढ़ डाले। इतना ही नहीं उन्होंने धार्मिक विषयों पर कुछ लिखा भी और उसका सम्मान भी हुआ। एक निबन्ध पर तो पुरस्कार भी मिला। परन्तु इसका एक परिणाम यह भी हुआ कि रामन ने एफ. ए. में विज्ञान विषयों को छोड़ दिया। एफ. ए. तो उन्होंने प्रथम श्रेणी से पास कर लिया परन्तु धार्मिकता का नशा जल्दी ही उतर गया। अब आया बी. ए. में दाखिले का प्रश्न। रामन के घर वाले यह चाहते थे कि वह बी. ए. में इतिहास और आट्‌र्स के सरल विषय लें, जिससे परीक्षा में भी अच्छा स्थान प्राप्त हो और बाद में सरकारी नौकरी के लिए प्रतियोगिता में भी बैठ सकें। वे रामन को बड़ा सरकारी अफसर बनाना चाहते थे।

पर नहीं, रामन का विज्ञान प्रेम अब जाग चुका था। उन्होंने बी. एस-सी. में नाम लिखाया और भौतिक विज्ञान और गणित आदि विषय लिए। उन्होंने अपने सम्बन्धियों से स्पष्ट कह दिया कि मैं विज्ञान के अतिरिक्त कोई भी अन्य विषय न लूँगा।

बी. एस-सी. की कक्षा लगी थी। छात्र यथास्थान बैठे थे, क्योंकि उन्हें पता था कि अंग्रेज प्रोफेसर इलियट अंग्रेजी पढ़ाने को आने वाले हैं। वे ठीक समय पर कक्षा में प्रविष्ट हुए। छात्रों ने खड़े होकर उनका अभिवादन किया। पर यह क्या, उनकी आँख एक दुबले-से लड़के पर अटक गईं, जो मुश्किल से नवीं-दसवीं का छात्र प्रतीत होता था। आखिर उन्होंने उसे टोक

ही दिया। रामन ने कहा कि सर, मेरा नाम चन्द्रशेखर वेंकट रामन है। मैंने वालतेयर कॉलेज से एफ. एस-सी. पास किया है।

कॉलेज के प्रिंसिपल ने भी जब इस छोटी सी कद-काठी के लड़के को देखा तो उन्हें भी इस बात का सन्देह हुआ कि कोई छात्र गलती से यहाँ आ बैठा है परन्तु जब उन्हें सन्तोष हो गया कि रामन उसी कक्षा का छात्र है तो सभी प्राध्यापक छात्र रामन का बहुत ध्यान रखने लगे।

रामन के साथ यहाँ एक कठिनाई यह थी कि बी. एस-सी. के पाठ्यक्रम के अनुसार जितने परीक्षण एक वर्ष में करवाए जाने थे, रामन ने उससे भी आगे के परीक्षण कुछ ही दिनों में पूरे कर डाले। अब क्या करें ? आखिर प्रिंसिपल साहब को जब यह कठिनाई ज्ञात हुई तो उन्होंने रामन को पाठ्यक्रम की सीमाओं में बाँधे रखना उचित न समझा। उन्होंने पुराने प्रयोगों से ही उन्हें छुट्टी नहीं दे दी वरन् नए प्रयोगों, परीक्षणों की भी सुविधाएँ मुहैया कर दीं। परिणाम यह हुआ कि बी. एस-सी. में विश्वविद्यालय भर में सर्वप्रथम आए। सर्वप्रथम ही नहीं, प्रथम श्रेणी में पास होने वाले केवल वही थे।

अब एम. एस-सी. की बारी थी। एम. एस-सी. में भी उन्हें पाठ्यक्रम की सीमाओं में बाँधे रखना असम्भव था—सो उन्हें कक्षा में आने-न-आने की छूट दे दी गई। परन्तु रामन तो अब चौबीसों घंटे प्रयोगों-परीक्षणों और नए ग्रन्थों के अध्ययन में लीन रहने लगे।

इस प्रकार रामन ने अपने छात्र काल में ही विज्ञान के क्षेत्र में अपनी प्रतिभा का सिक्का देश ही नहीं विदेशों में भी जमा लिया था।

एक घटना इस प्रकार है कि रामन का एक साथी छात्र ध्वनि के सम्बन्ध में कुछ प्रयोग कर रहा था। उसे कुछ कठिनाइयाँ प्रतीत हुईं, सन्देह हुए। वह अपने अध्यापक जोन्स साहब के पास गया परन्तु वे भी उसका सन्देह निवारण न कर सके। रामन को पता चला तो उन्होंने उस समस्या का अध्ययन मनन किया, इस सम्बन्ध में उस समय के प्रसिद्ध लार्ड रेले के निबन्ध पढ़े और उस समस्या का एक नया ही हल खोज निकाला। यह हल लार्ड रेले के हल से सरल और अच्छा था। लार्ड रेले को इस बात का पता चला तो उन्होंने रामन की प्रतिभा की भूरि-भूरि प्रशंसा की। अध्यापक जोन्स भी प्रसन्न हुए और उन्होंने रामन से इस प्रयोग के सम्बन्ध में लेख लिखने

को कहा।

अन्ततः रामन ने उस लेख को लन्दन की एक प्रसिद्ध विज्ञान-पत्रिका 'फिलासफिकल मैगजीन' में छपने के लिए भेज दिया। सम्पादक मण्डल ने उसे स्वीकृत ही नहीं किया, कम्पोज करवाकर संशोधन के लिए भी रामन के ही पास भेज दिया। नवम्बर, 1906 के अंक में यह लेख प्रकाशित हुआ। रामन की आयु उस समय केवल 18 वर्ष थी। उसके बाद रामन का एक और लेख लन्दन की प्रसिद्ध पत्रिका 'नेचर' (सम्भवतः विज्ञान की सबसे पुरानी पत्रिका) में प्रकाशित हुआ। यह लेख 'प्रिज़्म' के सम्बन्ध में था। विज्ञान के एक भारतीय छात्र के लिए यह बड़े गौरव की बात थी।

आखिर उन्होंने जनवरी, 1907 में एम. एस-सी. की परीक्षा दी। वह केवल उत्तीर्ण ही नहीं हुए, पूरे मद्रास विश्वविद्यालय में प्रथम आए और अब तक भौतिक विज्ञान में जितने अधिक से अधिक अंक प्राप्त करने की सीमा थी, उससे कहीं अधिक अंक प्राप्त किए।

प्रिज़्म सम्बन्धी लेख

रामन ने 'नेचर' पत्रिका में जो लेख प्रकाशित करवाया था उसका सम्बन्ध ज्यामिति में काम आने वाले प्रिज़्म से होकर निकलने वाले प्रकाश के सम्बन्ध में था।

आपने बरसात के दिनों में इन्द्रधनुष देखा होगा। कितने सुन्दर रंग होते हैं उसमें। सदियों तक लोग इसे एक करिश्मा ही समझते रहे थे।

एक फ्रेंच दार्शनिक और गणितज्ञ हुआ जिसका नाम था देकार्त। सबसे पहले उसने इन्द्रधनुष के रहस्य को जाना था।

बरसात के दिनों में सारे वातावरण में पानी के कण फैले रहते हैं। वे फैलते हैं सूर्य की गरमी से भाप बनकर। उनमें धूल के कण भी मिले रहते हैं। पानी की बूँदों की पीठ पर सूर्य का प्रकाश पड़ कर छितराने से इन्द्रधनुष के रंग बनते हैं।

देकार्त ने यह तो बता दिया कि इन्द्रधनुष कैसे बनता है, परन्तु वह यह बताने में असमर्थ रहा कि इन्द्रधनुष का यह रूप बनता कैसे है। यह गुत्थी सुलझाई न्यूटन ने काँच के पारदर्शक प्रिज़्म के द्वारा।

प्रिज्म ज्यामिति में काम आता है। यह पारदर्शक होता है और इसमें से गुजरकर प्रकाश छितराता है। न्यूटन ने एक प्रिज्म में से छितराए हुए प्रकाश को एक अन्य प्रिज्म द्वारा छितरा कर देखा। इस प्रकार अनेक रंग दिखाई दिए और इन्द्रधनुष की गुत्थी सुलझी। अब रामन प्रिज्म से कुछ परीक्षण कर रहे थे कि उन्हें एक और विशिष्ट प्रकार का प्रकाश दिखाई दिया। उन्होंने अपने इस परीक्षण को लेखबद्ध किया और उसे 'नेचर' में प्रकाशित करवाया। इस प्रकार छात्रावस्था में ही उन्होंने देकार्त और न्यूटन के प्रयोगों पर आगे काम करने में सफलता प्राप्त की।

और उसके बाद

मद्रास विश्वविद्यालय में सबसे अधिक अंक प्राप्त करने के बाद रामन चाहते थे कि विज्ञान का और अध्ययन करने के लिए उन्हें इंगलैंड जाना चाहिए। भारत उन दिनों इंगलैंड का उपनिवेश था। रामन के अध्यापकों की भी यही इच्छा थी कि इतने योग्य छात्र को इंगलैंड भेजा जाए। इंगलैंड भेजने के लिए उनकी छात्रवृत्ति भी स्वीकृत हो चुकी थी परन्तु इसके साथ-साथ कुछ अन्य औपचारिकताएँ पूरी करना आवश्यक था जिनमें सबसे प्रमुख स्वास्थ्य की डाक्टरी जाँच का प्रमाण पत्र प्राप्त करना था। यह जाँच करने वाला डाक्टर एक अंग्रेज था। उसने रामन का दुबला-पतला शरीर देखकर स्वास्थ्य की दृष्टि से उन्हें अयोग्य घोषित कर दिया। अब रामन और उसके परिवार के सामने यह समस्या पैदा हो गई कि अब क्या किया जाए।

इन्हीं दिनों एक अच्छी सरकारी नौकरी के लिए प्रतियोगिता-परीक्षा होने वाली थी—केवल एक महीने का समय था और उसमें केवल साहित्य, इतिहास और राजनीति से सम्बधित प्रश्न ही पूछे जाने वाले थे। समय बहुत थोड़ा था और विषय भी नए थे। पर मेधावी रामन कब हार मानने वाला था। उसका दृढ़ निश्चय था कि यदि मैं भौतिक विज्ञान में सर्वाधिक अंक प्राप्त कर सकता हूँ तो इतिहास और साहित्य में भी सर्वाधिक अंक प्राप्त करूँगा। वे इसमें सफल हुए और उन्हें सरकारी नौकरी मिल गई। उन्हें वित्त-विभाग में डिप्टी अकाउण्टेण्ट-जनरल के पद पर नियुक्त किया गया। विज्ञान पर जान न्यौछावर करने वाला आंकड़ों के चक्कर में पड़ गया।

विवाह की समस्या

अब रामन के माता-पिता को बेटे के विवाह की चिन्ता हुई। मद्रास के समुद्री विभाग में चुंगी के सुपरिण्टेण्डेण्ट थे कृष्णस्वामी अय्यर। उनकी पत्नी जानती थीं कि रामन होनहार युवक है–परन्तु कृष्णस्वामी को यह सम्बन्ध पसन्द न था, क्योंकि कुल की असमानता इसमें बाधक थी। जब रामन को अच्छी नौकरी मिल गई तो वह भी राजी हो गए, कट्टरपंथी इस विवाह में सम्मलित नहीं हुए, परन्तु समाज के सुधारवादी पक्ष ने जिसमें काफी बड़े लोग थे, पूरा सहयोग दिया और विवाह बड़ी धूमधाम से हो गया। इस समय उनकी आयु 19 वर्ष की थी। नौकरी में उनकी पहली नियुक्ति कलकत्ता में हुई। कलकत्ता उन दिनों ब्रिटिश सरकार का सबसे महत्त्वपूर्ण केन्द्र था। भारत के बुद्धिजीवियों की एक बहुत बड़ी संख्या वहाँ विद्यमान थी। शिक्षा की दृष्टि से भी कलकत्ता का बहुत महत्त्व था। हम पहले बता चुके हैं कि रामन ने नौकरी करते हुए भी विज्ञान परिषद में कार्य करना आरम्भ कर दिया था। परन्तु विज्ञान परिषद् की प्रयोगशाला अच्छे उपकरणों से सज्जित नहीं थी। इतने पर भी धुन के धनी रामन ने अपना कार्य जारी रखा और अपनी नौकरी के बाद वे वहाँ आकर घंटों परीक्षण करते रहते। उनके परीक्षणों का विवरण भारत ही नहीं, इंगलैंड और अमरीका तक भी पहुँचा।

परन्तु अफसोस की बात यह है कि रामन के परीक्षणों का यह सिलसिला टूट गया क्योंकि उनका तबादला रंगून कर दिया गया। बर्मा उन दिनों ब्रिटिश भारत का ही अंग था। इन्हीं दिनों उनके पिता की मृत्यु हो गई। वे मद्रास आए परन्तु उनकी विज्ञान की धुन समाप्त नहीं हुई। उसके कुछ दिन बाद उन्हें नागपुर में नियुक्ति मिली। विज्ञान के प्रति अत्यधिक लगाव के कारण कई बार उन्हें कुछ कष्ट भी झेलने पड़े। विज्ञान के प्रति अत्यधिक समर्पण देखकर उनके कुछ विरोधियों ने रामन पर यह दोषारोपण किया कि वह अपना काम पूरी तरह नहीं करते। इस शिकायत पर विभागीय जाँच बैठाई गई। इस जाँच से पता लगा कि उनका काम पूरी तरह सही और व्यवस्थित ही नहीं, नियमानुसार भी है। वे अपना प्रतिदिन का कार्य अगले दिन के

लिए नहीं छोड़ते थे, उसे उसी दिन निपटा देते थे। इस पर जाँच अफसर ने प्रसन्नता प्रकट की और उनकी तरक्की की सिफारिश की। परिणाम यह हुआ कि उन्हें अकाउण्टेण्ट जनरल बना दिया गया और नवम्बर, 1911 में उन्हें फिर कलकत्ता भेज दिया गया।

एक महान कुर्बानी की तैयारी

कलकत्ता आने के बाद वे फिर से विज्ञान परिषद् की प्रयोगशाला में प्रयोग करने लगे। वे यहाँ 7 वर्ष रहे। इस अवधि में उन्होंने प्रकाश के अतिरिक्त ध्वनि के सम्बन्ध में भी महत्त्वपूर्ण परीक्षण किए और कुछ ग्रन्थों की भी रचना की। इसके परिणामस्वरूप उनकी ख्याति देश-विदेश में महान वैज्ञानिक के रूप में फैल गई।

अब तक के उनके कार्यों से यह सिद्ध हो चुका था कि उनका विज्ञान प्रेम अटूट है। कोई इस बात की कल्पना भी नहीं कर सकता था कि वे अपने विज्ञान प्रेम के कारण इतनी बड़ी सरकारी नौकरी छोड़ पाएँगे या नहीं। परन्तु सभी लोगों को आश्चर्य हुआ जब उन्होंने अपनी नौकरी विज्ञान की बलिवेदी पर एकाएक क़ुर्बान कर दी।

बात यह हुई कि कलकत्ता के कुछ प्रमुख व्यक्तियों, सर तारकनाथ पालित, डॉ. रासबिहारी घोष, सर आशुतोष मुखर्जी जैसे वैज्ञानिकों और सुधारकों ने साइंस कालेज की स्थापना की। ये लोग चाहते थे कि यदि रामन उसके भौतिक विज्ञान विभाग को संभाल लें तो बहुत अच्छी बात होगी। उनको लगता था कि सम्भवतः रामन इतनी बड़ी सरकारी नौकरी छोड़कर साइंस कालेज में आना पसन्द न करें।

परन्तु रामन यह जानते थे कि वह सरकारी नौकरी में रहते हुए पूरी तरह विज्ञान की सेवा नहीं कर पायेंगे। इसलिए उन्होंने फौरन सरकारी नौकरी छोड़ दी। जुलाई, 1917 में वह साइंस कॉलेज में अध्यापन कार्य करने लगे। अब उन्होंने वह राजमार्ग पा लिया था जो उनके ध्येय तक सीधा पहुँचता था। इसके बाद उनका सारा जीवन विज्ञान की सेवा में बीता।

रामन के साइंस कॉलेज में आने का समाचार फैलने पर सारे भारत के विज्ञान प्रेमी छात्र खिंचकर वहाँ आने लगे। रामन की लगन, प्रतिभा

और निष्ठा को देखकर विद्यालय के प्रिंसिपल श्री आर्चीबाल्ड ने कहा, ''किसी विश्वविद्यालय की शोभा उसकी ऊँची और आलीशान इमारतें नहीं, वरन् वहाँ के गुरु और शिष्य होते हैं।''

रामन कलकत्ता विश्वविद्यालय के प्रतिनिधि के रूप में राष्ट्रमण्डल के विश्वविद्यालयों की एक सभा में भाग लेने इंगलैंड जा रहे थे। वह जहाज के डैक पर खड़े मुक्ताकाश का आनन्द ले रहे थे। उनका जहाज उस समय भूमध्यसागर पर से गुजर रहा था। एकाएक उनकी नजरें सागर के पानी पर पड़ीं और वहीं अटक कर रह गईं। वह कलकत्ता अनेक वर्षों रहे थे—बंगाल की खाड़ी उनसे अपरिचित न थी—परन्तु दोनों के पानी के रंग में अन्तर क्यों ? और बस, रामन इस समस्या का हल खोजने में लीन हो गए।

रामन की खोज जिसे 'रामन प्रभाव' कहते हैं, प्रकाश से सम्बन्धित इसी तरह की अनेक समस्याओं का हल है। सात साल उन्होंने इस पर शोध कार्य किया। 1928 में जब रामन ने अपनी इस खोज को प्रकाशित किया तो विज्ञान जगत में तहलका मच गया और उन कई बातों का उत्तर मिल गया जो अब तक अज्ञात थीं।

इन्द्रधनुष के रंग प्रकाश का ही एक करिश्मा है। रामन ने कहा कि तरल तथा पारदर्शी वस्तुओं से छितरा कर प्रकाश का रंग बदल जाता है। यह स्फटिक जैसे ठोस पदार्थों में से भी अणुओं की गति के कारण प्रतिक्षिप्त होता है। अर्थात् पानी या अन्य किसी तरह से किसी एक रंग का प्रकाश छोड़ा या छितराया जाए तो उसी रंग का परावर्तित प्रकाश बाहर आएगा। साथ ही वह एक रंग का न होगा—मूल रंग के साथ उसमें अन्य रंगों की भी किरणें होंगी। अर्थात् मूल प्रकाश तरल में विद्यमान रंगों के समुदाय को भी अपने साथ बाहर छितरा देता है। यदि मूल रंग ज्ञात हो तो यह बताया जा सकता है कि कौन-से अन्य रंग प्रतिक्षिप्त होंगे। डॉ. रामन की इस खोज से अणु सिद्धान्तों को हृदयंगम करने में सरलता हुई और अणुओं की गणना भी सम्भव हो सकी।

उसके बाद तो सर, डॉक्टरेट तथा विज्ञान अकादेमियों की सम्मानित सदस्यता आदि की उन पर बौछार-सी होने लगी।

इस समय टाटा द्वारा बंगलौर में स्थापित इंडियन इंस्टीट्यूट आफ साइंस

अपने विषय की देश भर में सर्वोपरि संस्था थी। 1933 में डॉ. रामन को उसका अध्यक्ष बना दिया गया। अब कलकत्ता उनसे छूट गया और वे पूरी तरह बंगलौर के हो गए। बाद में यहीं पर उन्होंने 'रामन रिसर्च इंस्टीट्यूट' की स्थापना की। 1948 में भारत की स्वतन्त्र सरकार ने उन्हें 'राष्ट्रीय प्राध्यापक' घोषित किया और 1954 में उन्हें भारत के सर्वोच्च सम्मान 'भारत-रत्न' से विभूषित किया गया।

दिवंगत होने से कुछ वर्ष पूर्व उन्होंने आँख की रेटिना के सम्बन्ध में एक महत्त्वपूर्ण खोज की। हम प्रकाश व उसके रंगों को कैसे देखते हैं ? अकेली रेटिना सम्बन्धी यह खोज ही उन्हें अपने किस्म का अनोखा वैज्ञानिक सिद्ध करने के लिए काफी है—क्योंकि यह प्रश्न तीन विभिन्न विषयों से सम्बन्धित है—भौतिक विज्ञान, शरीर विज्ञान और मानव मस्तिष्क। प्रायः लोग आँख और कैमरे की तुलना किया करते हैं, परन्तु डॉ. रामन का मत है कि दोनों की तुलना भ्रम में डालने वाली है। कैमरा प्रकाश में दिखाई देने वाले रूप को कागज पर उतार देता है जबकि आँख का कैमरा (रेटिना) प्रकाश रूप शक्ति को ग्रहण भी करता है और उसे प्रत्याक्षेपित भी करता है, अर्थात् उसकी अनुभूति हमें मस्तिष्क तन्तुओं द्वारा होती है—और यह बार-बार, लगातार होती रहती है। डॉ. रामन की खोज द्वारा मनुष्य अपने रेटिना का चित्र स्वयं देख सकता है अर्थात् वह देख सकता है कि उसकी आँख कैसे काम करती है।

डॉ. रामन को बचपन से ही वाद्ययन्त्रों में रुचि थी और उन्होंने स्वरों के सम्बन्ध में भी अनेक गवेषणाएँ कीं। उन्हें फूलों से बेहद प्रेम था—क्योंकि रंग भी प्रत्यक्ष-अप्रत्यक्ष रूप से उनकी खोज के अंग रहे।

रामन जीवन के अन्त तक अत्यन्त कर्मशील बने रहे और संयम का आदर्श उपस्थित करते रहे। शराब की तो एक बूँद भी उन्होंने कभी नहीं चखी। वह जब नोबेल पुरस्कार लेने स्टाकहोम गए और उन्हें अपनी खोज का क्रियात्मक प्रदर्शन करने को कहा गया तो उन्होंने इसके लिए अल्कोहल को चुना। रात को जब उनके सम्मान में भोज दिया गया तो एक साथी ने शराब का प्याला पेश करते हुए कहा कि प्रातः हमने अल्कोहल पर रामन प्रभाव को देखा, अब हम अल्कोहल का प्रभाव रामन पर देखना चाहते हैं।

परन्तु रामन हाथ जोड़कर पीछे हट गए और हंसकर बोले, यह प्रयोग मैं नहीं दिखा सकूँगा।

डॉ. रामन ने जो वैज्ञानिक अनुसंधान किए थे, वे सभी मानव जाति की प्रगति में सहायक थे, उनमें कोई भी कार्य ऐसा नहीं था जिससे युद्ध, हिंसा या संघर्ष को सहारा मिलता हो। इस कारण सोवियत संघ ने 1958 में उन्हें सर्वप्रथम लेनिन शान्ति पुरस्कार देने का निश्चय किया। इस पुरस्कार के सम्बन्ध में रामन ने कहा :

"सोवियत संघ ने लेनिन पुरस्कार सबसे पहले मुझे देने का निश्चय इसलिए किया कि मैं विज्ञान के क्षेत्र में कार्य करता हूँ परन्तु इससे भी महत्त्व की बात यह है कि मैंने विज्ञान सम्बन्धी अपने ज्ञान का उपयोग कभी भी किसी भी प्रकार के युद्ध सम्बन्धी कार्यों के लिए नहीं किया।" डॉ. रामन को नोबेल और लेनिन पुरस्कारों के अतिरिक्त भी अन्य ऐसे सम्मान दिए गए जिनका महत्त्व कम करके नहीं आंका जा सकता। 1924 में ब्रिटिश सरकार ने उन्हें 'सर' का खिताब दिया। यूरोप के अनेक देशों की विज्ञान संस्थाओं ने उन्हें अपना सदस्य मनोनीत किया। इनमें रायल फिलासाफिकल सोसायटी, ग्लासगो रायल आयरिश एकेडेमी, ज्यूरिख फिजिकल सोसायटी, जर्मनी की दोयशे एकेडेमी आफ सांइसेज, हंगेरियन एकेडेमी आफ सांइस, साइंस एकेडेमी, पेरिस, रूस की एकेडेमी आफ साइंसेज, फ्रेंच एकेडेमी, आप्टिकल सोसायटी ऑफ अमेरिका, चीन की फिजिकल सोसायटी आदि महत्त्वपूर्ण हैं।

अनेक भारतीय विश्वविद्यालयों ने भी उन्हें डॉक्टर ऑफ साइंस की उपाधियाँ प्रदान कीं। कलकत्ता विश्वविद्यालय तो बहुत पूर्व ही उन्हें डी. एस-सी. की उपाधि से विभूषित कर चुका था। सन् 1954 में भारत सरकार ने उन्हें 'भारत-रत्न' की उपाधि से अलंकृत किया और 1959 में 'नेशनल प्रोफेसर' का सम्मानित पद प्रदान किया।

नोबेल पुरस्कार प्राप्त करने के बाद कलकत्ता विश्वविद्यालय से केवल दो वर्ष तक ही डॉ. रामन के सम्बन्ध रहे। 1933 से 1937 तक वे इंडियन इंस्टीट्यूट ऑफ सांइस, बंगलौर के संचालक के पद पर कार्य करते रहे। 1943 में उन्होंने अपनी स्वयं की रामन इंस्टीट्यूट की स्थापना की। उन्होंने

अपने आविष्कारों, लेखन आदि से इस संस्थान को इतना अधिक समृद्ध कर दिया कि आज भी इसका देश-विदेश में बहुत अधिक सम्मान है। इस महान वैज्ञानिक का निधन 82 वर्ष की दीर्घायु में 21 नवम्बर, 1970 को हुआ।

विनोदप्रियता

वैज्ञानिकों के सम्बन्ध में प्रायः विश्वास किया जाता है कि उनका जीवन नीरस होता है और उनकी रुचि विज्ञान के अतिरिक्त अन्य किसी कार्य में नहीं होती। वे अपने कार्य की धुन में खाना, नहाना और सोना तक भूल जाते हैं। अधिकतर वैज्ञानिक ऐसे ही हुए हैं परन्तु डॉ. रामन ऐसे नहीं थे। वे अत्यन्त विनोद-प्रिय होने के साथ-साथ किसी भी विषय का इस ढंग से वर्णन करते थे कि सामान्य व्यक्ति भी पूरी तरह उसे आत्मसात् कर सके। उनकी यह विशेषता थी कि विज्ञान सम्बन्धी गम्भीर और कठिन बातों को भी हँसते हुए फलती-फूलती भाषा में मजेदार किस्से की तरह समझा देते थे। वे भारत की कई प्रादेशिक भाषाओं के ज्ञाता होने के साथ-साथ अनेक विदेशी भाषाओं के भी ज्ञाता थे, इसलिए भी उनके वक्तव्य बहुत स्पष्ट, सरल और रोचक होते थे। जब वे नागपुर में थे, तब वहाँ बड़े जोरों का प्लेग फैला था। जहाँ अधिकतर वैज्ञानिक दिन-रात अपनी प्रयोगशाला में बन्द पड़े रहते, रामन ने बाहर निकल कर प्लेग से ग्रस्त रोगियों की सेवा की। उन्हें अभिमान छू तक नहीं पाया था।

एक बार लन्दन में एक समारोह में उन्हें डाक्टरेट की उपाधि दी गई। वक्ताओं ने उनके सरल स्वभाव और वैज्ञानिक प्रतिभा की प्रशंसा की। शिष्टतावश डॉ. रामन को भी उन सभी वक्ताओं का धन्यवाद करना था और डिग्री के लिए भी कृतज्ञता प्रकट करनी थी। उन्होंने कहा, "यह बड़े सौभाग्य की बात है कि आपने मुझे विज्ञान में डाक्टरेट की उपाधि दी। अन्य डिग्रियाँ तो आसानी से मिल जाती हैं, परन्तु एल. एल. डी. की डिग्री मिलना बड़ा कठिन होता है।"

जब लोगों ने उनसे पूछा, "साहब, एल. एल. डी. से क्या बनता है, इसका क्या अभिप्राय है ?" तो वे बोले, "एल. एल. डी., यानि 'लैण्ड-लेडीज़ डॉक्टर' जिसे पाना कठिन कार्य है।" और इस पर जोर का ठहाका पड़ा।

इसी प्रकार भारत के किसी विश्वविद्यालय ने उन्हें डाक्टरेट की डिग्री दी। वक्ताओं में से एक ने इस बात पर दुख प्रकट किया कि देश में शिक्षा का स्तर गिरता जा रहा है।

रामन धन्यवाद करने के लिए खड़े हुए। उन्होंने गम्भीर होते हुए कहा, "हाँ, यह बात बिलकुल ठीक है कि शिक्षा का स्तर गिरता जा रहा है। इसका एक उदाहरण यह है कि मुझ जैसे व्यक्ति को बिना परीक्षा दिए ही डिग्री दी जा रही है।"

लोगों ने उनके व्यंग्य को समझा और जोर की हँसी गूँजी।

एक बार बंगलौर में किसी कालेज में विज्ञान का एक अध्यापक नियुक्त करना था। इण्टरव्यू आदि के लिए एक कमेटी बनाई गई। डॉ. रामन कमेटी के अध्यक्ष थे।

सबसे मुलाकातें और इण्टरव्यू आदि हो चुके। सब लोग डॉ. रामन का अभिवादन करके अपने घरों को लौट रहे थे कि उन्होंने देखा कि एक आदमी थोड़ी दूरी पर खड़ा है। उन्होंने सोचा—यह जरूर कोई सिफारिशी चिट्ठी लाया है, वही देने का इन्तजार कर रहा है। उन्होंने उस व्यक्ति को डाँटते हुए पूछा, "क्या चाहते हो, सब लोग चले गए, तुम क्यों नहीं जाते ?"

वह आदमी संकोच करता हुआ पास आया, बोला, "सर, मुझे कुछ नहीं चाहिए और न ही मैं कोई सिफारिश लाया हूँ। मैं तो इसलिए रुका था कि मुझे गलती से अधिक यात्रा-भत्ता दे दिया गया है। मैं उसे लौटाने के लिए रुका हूँ कि किसे यह रकम लौटाऊँ ?"

डॉ. रामन उस आदमी की ईमानदारी से बहुत प्रसन्न हुए और उसे वह नौकरी मिल गई।

पुरस्कार और सम्मान

नोबेल भौतिकी पुरस्कार : 1930
लेनिन शान्ति पुरस्कार : 1958
भारतरत्न : 1954
ब्रिटिश सरकार द्वारा सर का खिताब
अनेक विश्वविद्यालयों द्वारा डाक्टरेट
तथा विज्ञान अकादेमियों के फैलो

डॉ. हरगोविन्द खुराना

(जन्म–1922)

नोबेल पुरस्कार वर्ष–1968

विज्ञान एक ऐसा विषय है जिसकी प्रगति को थामना कठिन है। इसका एक कारण यह भी है कि विज्ञान के विषय इतने व्यापक हैं कि उनका जीवन ही नहीं, विश्व के प्रत्येक कार्य से ऐसा अटूट रिश्ता है जिसे कभी भी समाप्त नहीं किया जा सकता। विज्ञान हर पल, हर क्षण सजग रहकर एक नवीन दिशा में आगे बढ़ता रहता है।

डॉ. हरगोविन्द खुराना एक रसायनशास्त्री हैं। उनका विशेष सम्बन्ध ऑरगैनिक रसायन विज्ञान तथा जीवाणु रसायन विज्ञान से है। उन्होंने इसी क्षेत्र में अत्यन्त महत्त्व का कार्य किया है। अनेक वर्षों के परिश्रम से उन्होंने कृत्रिम जीन का निर्माण किया है जिसके कारण उन्हें संसार भर में प्रसिद्धि प्राप्त हुई और वे नोबेल पुरस्कार के हकदार बने।

कृत्रिम जीन के सम्बन्ध में कुछ बताने से पूर्व यह जान लेना आवश्यक है कि हमारे शरीर में विद्यमान जीन है क्या और उसका हमारे शरीर में क्या महत्त्व है ?

जीन क्या करता है

1. मानव जीनोम में 50 हजार से ज्यादा जीन्स होते हैं–जीनोम पर व्यक्ति की संरचना निर्भर करती है और इससे ही यह तय होता है कि कोशिकाएँ किस तरह काम करेंगी।

2. प्रत्येक व्यक्ति की जीन संरचना दूसरे व्यक्ति से अलग होती है–लेकिन जुड़वाँ बच्चों में समान जीन संरचना हो सकती है। व्यक्ति में

डॉ. हरगोविन्द खुराना

आधे जीन माता से और आधे पिता से आते हैं।

3. कोशिकाएँ अपने कार्य संचालन, मरम्मत, रक्षा और विभाजन के लिए जिन प्रोटीनों का इस्तेमाल करती हैं वे जीन के निर्देश पर ही बनते हैं। जीन प्रत्येक कोशिका के केन्द्रक में स्थित क्रोमोसोम में होते हैं।

4. किसी भी व्यक्ति में 22 क्रोमोसोम के अलावा दो अतिरिक्त क्रोमोसोम लिंग निर्धारण करने वाले होते हैं—एक्स और वाई। स्त्री में दो एक्स क्रोमोसोम होते हैं, जबकि पुरुष में एक एक्स क्रोमोसोम होता है और एक वाई।

5. यदि किसी जीन विशेष का शरीर की खास गड़बड़ी से सम्बन्ध स्थापित हो जाए तो फिर वैज्ञानिक इस जीन को संशोधित कर, ठीक कर या बदलकर या फिर इससे बनने वाले प्रोटीन को अलग तरह से बनाकर शारीरिक गड़बड़ी का इलाज कर सकते हैं।

इस प्रकार जीन का प्रमुख कार्य हमारे शरीर की प्रत्येक सैल या कोशिका की क्रिया अथवा गतिविधि को नियन्त्रित रखना और शरीर की बढ़वार करना है। एक सैल से कुछ भाग अलग होकर दूसरे सैल का रूप धारण कर लेता है और इस प्रकार उनकी संख्या बढ़ती रहती है। सैल का दूसरा कार्य है शरीर में प्रोटीन का संश्लेषण। परन्तु ये दोनों कार्य जीन्स की रूपरेखा के आधार पर ही होते हैं। जीन सैल के आभ्यंतरिक भाग में रहता है अर्थात् जो शारीरिक सैल स्वयं ही अत्यन्त सूक्ष्म हैं, उनके भीतर विद्यमान जीन्स कितने सूक्ष्म होंगे, इसका अनुमान लगाना कठिन है। आपको यह जानकर आश्चर्य होगा कि हमारे शरीर के सभी सैलों में जितने जीन्स हैं उन्हें आधे वर्ग इंच की डिबिया में बन्द किया जा सकता है और यदि इन्हें सुलझाकर फैला दिया जाए तो इनकी लम्बाई इतनी हो जाएगी कि यह डोरी धरती से सूरज तक और फिर वहाँ से धरती तक आ पहुँचेगी।

व्यक्ति के स्वभाव, गुण, आकार-प्रकार का आधार यही जीन्स हैं। हगें गाता-पिता रो जैरो जीन्रा प्राप्त होते हैं, हमारे गुण, कर्म, स्वभाव उन्हीं के अनुरूप बनते हैं। आपने अनेक चिकित्सकों को अपने रोगियों से पूछते हुए सुना होगा कि क्या आपके माता-पिता या किसी पुरखा को अमुक रोग तो नहीं था ? इसका अर्थ यह है कि कुछ बीमारियाँ वंश परम्परा से

आती हैं। डॉ. हरगोविन्द खुराना ने इन अनेक बातों का अध्ययन किया और अंत में वे कृत्रिम जीन बनाने में सफल हो गए।

डॉ. खुराना ने जिस कृत्रिम जीन का निर्माण किया है उससे यह सम्भव हो सकेगा कि वंश परम्परा से होने वाले रोगों का भय नहीं रहेगा। यह भी सम्भव हो सकेगा कि आदमी का रूप-रंग भी बदल दिया जाए और शायद वैज्ञानिक जैसा चाहें वैसे ही स्वभाव और गुण-धर्म के आदमी पैदा कर सकेंगे। ऐसी स्थिति में हिटलरी मनोवृत्ति के तानाशाह सम्भवतः डॉ. खुराना जैसे वैज्ञानिक को बुलाकर लड़ाकू फौज खड़ी करने के लिए कह सकेंगे। साथ ही यह प्रयोग मानव की दुर्बलताओं, कष्टों और वंश परम्पराओं से आने वाले रोगों को दूर करने में भी सक्षम हो सकेंगे।

जीन सम्बन्धी नई खोज

ब्रिटेन के कुछ वैज्ञानिकों ने मनुष्य के शरीर की रचना, प्रकृति और गुण-दोषों को निर्धारित करने वाले जीन समूह का पूरा नक्शा उतारने में ऐतिहासिक कामयाबी हासिल की है। इसके बहुत ही दूरगामी प्रभाव हो सकते हैं। यह एक प्रकार से मानव जीवन को विज्ञान के हाथों में सौंप देने की शुरुआत कही जा सकती है। पूरी सम्भावना है कि अब आदमी बुढ़ापे और मृत्यु से लड़ सकेगा। दूसरी ओर, माता-पिता जीन विज्ञान की सहायता से अपनी भावी सन्तान के लिए अच्छी-अच्छी विशेषताओं और गुणों का निर्धारण कर सकेंगे।

ब्रिटेन के वैज्ञानिकों ने यह अद्भुत सफलता राष्ट्रीय स्वास्थ्य संस्थान के निदेशक डॉ. फ्रॉसिस कॉलिंस की अगुवाई में ह्यूमन जेनोम परियोजना के अंतर्गत लम्बे शोध और अनुसंधानों के बाद हासिल की है। इस परियोजना में अमेरिकी संस्थान सेलेरा जेनोमिक्स कॉरपोरेशन के अध्यक्ष और मुख्य विज्ञान अधिकारी डॉ. क्रेग वेन्टर तथा ब्रिटिश सैंजर सेंटर के निदेशक डॉ. जॉन सल्सटन का भी महत्त्वपूर्ण योगदान रहा। उनके अलावा फ्रांस, जर्मनी, जापान और चीन के वैज्ञानिक भी उनके साथ काम कर रहे थे।

जीन वह किताब है जिसके पन्नों पर वैज्ञानिक भाषा में वह सब लिखा हुआ है जो दूसरों से हमारे अलग होने या जो हम नहीं हैं उसके कारणों

की सारी जानकारी हमें देती है और यह भी बताती है कि किसी व्यक्ति विशेष को किन कारणों ने 'अच्छा' या 'खराब' बनाया है या कोई स्वस्थ या बीमार क्यों है। भविष्य में जब इतना सब जाना जा सकेगा तो फिर किसी मनुष्य को बीमारी से छुटकारा दिलाना विज्ञान के लिए सम्भव हो जाएगा। बीमार होने से पहले ही बीमारी की रोकथाम हो सकेगी और उसका स्थाई इलाज भी सम्भव हो सकेगा। यह भाषा मनुष्य या जीव के गुणसूत्रों (क्रोमोसोम) पर लिखी होती है।

जीन्स का यह रहस्य खोजने के लिए वैज्ञानिकों के डी. एन. ए. (डी ऑक्सीरीबोन्यूक्लिक एसिड) का निर्माण करने वाले 3.1 अरब आधारभूत युग्मों या उप-इकाइयों को क्रमबद्ध किया। इस डी. एन. ए. में ही लगभग 50,000 जीन्स समाए होते हैं, जिसका हम आरम्भ में उल्लेख कर चुके हैं, हालाँकि इनंकी सही संख्या अभी भी ज्ञात नहीं है। डी. एन. ए. कोशों के भीतर मौजूद न्यूक्लियस हैं जिसमें जीवन की इबारत लिखी होती है। डी. एन. ए. में एडेनाइड, थाइमीन, गुएनाइन और सिस्टोसाइन युग्म मौजूद होते हैं तथा इनको न्यूक्लियोटाइड कहते हैं। यही जीवन सरंचना का आधार है। लेकिन इन युग्मों की गठन प्रक्रिया बहुत जटिल है। एक-दूसरे से जुड़ने की इनकी प्रक्रिया भिन्न-भिन्न होती है। वैज्ञानिकों ने इन युग्मों को क्रमबद्ध करने के बाद उनका अध्ययन किया और एक बड़ी सफलता का द्वार खोला। हर तीन युग्मों का समूह एमीनो एसिड के निर्माण पर नियन्त्रण रखता है। एमीनो एसिड प्रोटीन निर्माण करते हैं और इन प्रोटीनों से कोशिकाओं, हारॅमोनों और शरीर के अन्य तमाम अवयव बनते हैं। हर औसत जीन में करीब एक हजार एमीनो एसिड्स होते हैं। किसी आदमी की आँखें यदि नीली हैं और कैंसर का मरीज है तो उसके लिए कोई अकेली जीन कारण नहीं होती, यह कहीं अधिक जटिल प्रक्रिया है। जीन की पहचान कर लेने के बाद उनके द्वारा बनाए जाने वाले प्रोटीन की पहचान भी वैज्ञानिकों के लिए आसान हो जाएगी जिससे यह मालूम किया जा सकेगा कि कौन सी जीन किस प्रकार का प्रोटीन बनाती है और वह शरीर में क्या काम करती है। इसके दो अच्छे परिणाम होंगे। एक, जीन में मौजूद कमी को दूर करना सम्भव होगा और दो, चिकित्सक ऐसी बीमारियों के लिए दवाएँ ईजाद

कर सकेंगे जो अब तक लाइलाज हैं जैसे कैंसर, हृदयरोग, एड्स और अलझीमर आदि। दुनिया की कुछ प्रयोगशालाओं में यह कार्य आरम्भ हो चुका है।

इस शोध परियोजना से जुड़े एक वैज्ञानिक जॉन हेरिस का तो कहना है कि अब मनुष्य को 'अमरत्व' प्रदान करना भी सम्भव हो सकेगा अर्थात् व्यक्ति की आयु को 1200 साल लम्बा भी किया जा सकेगा। इससे दुनिया में आबादी बढ़ने और पीढ़ियों के बीच संघर्ष की आशंकाएँ भी जन्म लेंगी परन्तु यह दूसरी बात है। आलोचकों का कहना है कि इस शोध की बदौलत जैविक भेदभाव का खतरा भी बढ़ेगा क्योंकि माता-पिता जीन में परिवर्तन के जरिए भावी सन्तान के लिए शरीर की आकृति, रूप-सौन्दर्य, प्रतिभा और विशिष्टताओं की माँग करेंगे। इसी तरह बीमा कम्पनियाँ अरबों डॉलर बचा सकेंगी क्योंकि किसी व्यक्ति की जीन रिपोर्ट पहले से ही बता देगी कि उसे कब क्या बीमारी होगी या लोग बीमा कराना ही बन्द कर देंगे।

जीवन के रहस्यों के ताले को खोलने वाली इस अविश्वसनीय वैज्ञानिक सफलता के साथ ही दुनिया में नैतिक प्रश्नों को लेकर जबर्दस्त बहस छिड़ गई है। यह कुछ वर्ष पूर्व पशुओं के 'क्लोन' (प्रतिरूप) तैयार करने के साथ ही शुरू हो गई थी और अब जीन के रहस्य से परदा उठने के बाद उसके परिणामों और प्रभावों के मद्देनजर यह बहस अधिक तीखी हो गई है। एक सर्वेक्षण के अनुसार अमेरिका जैसे देश में 41 प्रतिशत नागरिक मानते हैं कि जीन अनुसंधान अनुचित है। वहाँ 47 प्रतिशत ने ही इसे उचित बताया है। लोगों को शक है कि इस सफलता का सामाजिक, नैतिक और सांस्कृतिक दुरुपयोग भी होगा। हो सकता है कि कल कोई वकील अदालत में दलील देने लगे कि उसके मुवक्किल के जीन उसके द्वारा किए गए बलात्कार का कारण हैं, वह स्वयं नहीं, और इसलिए उसे माफ कर दिया जाना चाहिए। यह भी हो सकता है कि जीन्स के आधार पर किसी व्यक्ति या उसकी पूरी नस्ल से ही नफरत की जाने लगे। परन्तु इन सब बातों से डॉ. खुराना के कार्य का महत्त्व कम नहीं होता। वस्तुतः डॉ. खुराना और उनके अन्य साथियों को इस बात का श्रेय दिया जाना चाहिए कि उन्होंने इस सम्बन्ध

में पहल करके एक ऐसी पहेली पर काम करना प्रारम्भ कर दिया जिसे शायद अनन्त काल तक जान पाना संभव न होता।

जन्म और प्रारम्भिक जीवन

डॉ. खुराना नोबेल पुरस्कार प्राप्त करने वाले तीसरे भारतीय और दूसरे वैज्ञानिक हैं। उनका जन्म 9 जनवरी, 1922 को पंजाब के मुल्तान जिले के रायपुर गाँव (अब पाकिस्तान में) में हुआ था। उस समय पंजाब का विभाजन नहीं हुआ था। मुल्तान जिले को काफी पिछड़ा हुआ इलाका माना जाता था। विभाजन से पूर्व स्थिति यह थी कि यदि किसी गाँव में एक-दो हिन्दू होते थे तो भी उनका गाँव में काफी प्रभुत्व रहता था। डॉ. खुराना के पिता अपने गाँव में पटवारी थे। तब पटवारी का काफी महत्त्व होता था। पिता की इच्छा थी कि वे अपने बेटे को उच्च शिक्षा दिलाकर ब्रिटिश सरकार के किसी ऊँचे ओहदे पर बिठाएँ परन्तु अपना स्वप्न अपने साथ लिए वे बेटे के बचपन में ही स्वर्ग सिधार गए। उनकी प्रारम्भिक शिक्षा रायपुर गाँव के स्कूल में हुई। उन्होंने दसवीं की परीक्षा डीएवी हाई स्कूल, मुल्तान से पास की।

खुराना को आशा थी कि वे हाई स्कूल परीक्षा में प्रथम रहेंगे परन्तु जब परीक्षा परिणाम घोषित किया गया तो पता चला कि सर्वप्रथम आने वाले छात्र से उनके 18 अंक कम थे। वे बहुत दुखी हुए और उनके आँसू भी निकल आए। उन्होंने अपनी यह स्थिति अपने अध्यापक से भी प्रकट कर दी।

हाई स्कूल की परीक्षा उत्तीर्ण करने के बाद वे अपने सम्बन्धियों के सहयोग से लाहौर के डीएवी कॉलेज में पढ़ने के लिए आए और वहाँ प्रवेश प्राप्त किया। यहाँ से उन्होंने 1943 में प्रथम श्रेणी में बी. एस-सी. की परीक्षा उत्तीर्ण की और 1945 में एम. एस-सी. की।

प्रथम श्रेणी में एम. एस-सी. करने के कारण उन्हें छात्रवृत्ति प्राप्त हो गई। अब 1946 में वे इंगलैंड जाकर शिक्षा ग्रहण करने लगे। 1948 में उन्होंने लिवरपूल विश्वविद्यालय से पी. एच-डी. की उपाधि प्राप्त की।

भारत विभाजन के बाद डॉ. खुराना की माता और उनके बड़े भाई

दिल्ली आ गए। सरकार ने डॉ. खुराना की छात्रवृत्ति की अवधि एक साल के लिए और बढ़ा दी। डॉ. खुराना स्विट्जरलैंड चले गए जहाँ ज्यूरिख विश्वविद्यालय में उन्होंने एक वर्ष तक विशेष अध्ययन किया। वर्ष की समाप्ति पर वे दिल्ली लौट आए। परन्तु उन्हें यहाँ अपनी इच्छा के अनुरूप कार्य करने का अवसर प्राप्त नहीं हो सका। दरअसल उन्हें सामान्य नौकरी के योग्य भी नहीं समझा गया। इसलिए वे फिर इंगलैंड वापस चले गए। वहाँ 1952 तक उन्होंने कैम्ब्रिज विश्वविद्यालय में विशेष अध्ययन और खोज कार्य किया। इसके बाद उन्होंने कनाडा जाने का निश्चय किया। परन्तु कनाडा जाने से पूर्व वे एक बार फिर स्विट्जरलैंड गए और इस प्रवास के दौरान उनका एक युवती से परिचय हुआ जिससे उन्होंने विवाह कर लिया और दोनों कनाडा चले गए।

अनुसंधान और सम्मान

अब डॉ. खुराना ने आर्गनिक रसायन शास्त्री के रूप में व्यावसायिक जीवन प्रारम्भ किया। सन् 1950 से 1952 तक उन्होंने कैम्ब्रिज विश्वविद्यालय इंगलैंड में नोबेल पुरस्कार विजेता श्री ए. टॉड के साथ न्यूक्लोटाइड्स नामक मिश्रित जैविक पदार्थ के निर्माण में कार्य किया। कनाडा में डॉ. खुराना सन् 1952 में वे वैंकुवर स्थित ब्रिटिश कोलंबिया विश्वविद्यालय की रिसर्च कांउसिल के आर्गनिक रसायनशास्त्र विभाग के अध्यक्ष नियुक्त किए गए। इस पद पर वे सन् 1960 तक कनाडा में कार्य करते रहे। इस पद पर कार्य करते हुए डॉ. खुराना डॉ. जॉन जी. मोफ्ट के साथ मिलकर को-एनजाइम का क्रिया-सम्बन्धी महत्त्वपूर्ण अनुसंधान करने पर अन्तर्राष्ट्रीय वैज्ञानिक जगत् में विख्यात हो गए। इस प्रकार उन्होंने जीवन की इकाइयों से सम्बन्धित रसायनों की खोज आरम्भ की।

सन् 1958 में आर्गनिक तथा जीवाणु रसायन विज्ञान के क्षेत्र में उल्लेखनीय योगदान के लिए कनाडा की औषध विज्ञान संस्था 'कैमिकल इंस्टीट्यूट ऑफ कनाडा' ने आपको 'मर्क अवार्ड' नामक पुरस्कार प्रदान किया। सन् 1960 में सराहनीय शोधकार्य करने के कारण उन्हें 'प्रोफेसर, इंस्टीट्यूट ऑफ पब्लिक सर्विस ऑफ कनाडा' का स्वर्ण पदक दिया गया।

सन् 1958 से वे अमेरिका के सुप्रसिद्ध रॉकफैलर संस्थान में अतिथि प्रोफेसर के रूप में कार्य करते रहे।

सन् 1960 में डॉ. खुराना अमेरिका चले गए। इसी वर्ष मैडिसन के विस्कोंसिन विश्वविद्यालय में उनको प्रकिण्व अनुसंधान संस्थान (इंस्टीट्यूट ऑफ एंजाइम रिसर्च) का प्राध्यापक एवं सहनिदेशक नियुक्त किया गया, जहाँ वे सन् 1970 तक कार्य करते रहे। यहीं उन्होंने तथा उनके अन्य सहयोगी वैज्ञानिकों ने मिलकर रसायन विज्ञान के माध्यम से कृत्रिम जीन का निर्माण करने की प्रक्रिया में सफलता प्राप्त की।

डॉ. खुराना ने 1969 में ये प्रयोग प्रारम्भ किए थे। इस सम्बन्ध में उनका लक्ष्य न्यूक्लोटाइड्स के मिश्रणयुक्त न्यूक्लीक एसिड को परखनली में संश्लेषित करना था। इस सम्मिश्रण ने डॉ. खुराना को कृत्रिम जीन बनाने में सफलता प्रदान की। इसी खोज पर दो अन्य अमेरिकी वैज्ञानिकों के साथ आपको 1968 में नोबेल पुरस्कार प्राप्त हुआ।

वास्तव में तो यह पुरस्कार शरीर विज्ञान और चिकित्सा विज्ञान के क्षेत्र से सम्बन्धित है। उसका सम्बन्ध उन डी. एन. ए. कणों की एक ऐसी लड़ी से है जिसके कारण पीढ़ियाँ-दर-पीढ़ियाँ प्रभावित होती हैं और मनुष्यों में वंशानुगत गुणों अथवा अवगुणों के साथ-साथ रोगों का भी निर्धारण होता है।

आप पूछ सकते हैं कि रसायन और जीव विज्ञान में मेल कैसे सम्भव हो सकता है?

तथ्य यह है कि सभी प्रकार के जीवधारियों का निर्माण विशेष प्रकार के रसायनिक तत्वों के संयोग से ही सम्भव होता है। सभी जीवधारियों के लिए हाइड्रोजन, नाइट्रोजन और कॉर्बन तत्व आवश्यक होते हैं। जीव ही नहीं, अन्य प्राकृतिक तत्व भी इन्हीं के मेल से बनते हैं। इसी प्रकार इन तत्वों के असंख्य परमाणुओं के संयोग से जीवन के अणुओं का निर्माण होता है जिनसे जीवन के प्रत्येक सैल का निर्माण सम्भव होता है। जीवन से सम्बन्धित रसायन विज्ञान में जैव अणुओं का अध्ययन किया जाता है। इस प्रकार जीवन सम्बन्धी यह अध्ययन रासायनिक अणुओं के स्तर तक पहुँच जाता है। इसीलिए इसे 'आणविक जैविकी' भी कहा जा सकता है।

माता-पिता के गुण सन्तान में कैसे आते हैं

अनेक वर्षों से इस विषय पर अनुसंधान कार्य होता रहा है और अनेक वैज्ञानिकों ने इस समस्या को सुलझाने का प्रयत्न किया है। अब इस विषय को आनुवंशिकी विज्ञान कहा जाने लगा है। सबसे पहले योहान ग्रेगोर मेण्डेल ने इस विषय पर कार्य प्रारम्भ किया था। उन्होंने यह प्रयोग मटर के पौधों पर किया था। जब उन्हें इस सम्बन्ध में कुछ सफलता प्राप्त हुई तो उन्होंने कहा था कि इस सम्बन्ध में सच्चाई बहुत साधारण सी चीजों पर प्रयोग करने से ही मिल जाएगी।

मेण्डेल के पास एक छोटी सी बगीची थी। उसने अपना कार्य मटर की फलियों तक ही सीमित रखा और आठ साल तक इस पर कार्य करने के बाद अपने अनुसंधान को प्रकाशित किया।

वह परीक्षण, जिसकी बदौलत मेण्डेल की गणना आज दुनिया के प्रमुख वैज्ञानिकों में होती है—उसकी योजना बड़े ही मनोयोगपूर्वक तैयार की गई थी। हम कभी यह देखकर हैरान नहीं होते कि माँ-बाप में एक के भी सिर के बाल अगर लाल रंग के होते हैं तो बच्चे के भी बाल उसी रंग के होते हैं। सम्बन्धी लोग बच्चों को घेरकर खड़े हो जाते हैं और कहते भी हैं कि 'देखो, बिलकुल बाप पर गया है।' इतिहास में मेण्डेल ही पहला व्यक्ति था जिसने बताया कि बच्चे में बाप की विशेषताएँ किस तरह आती हैं, और पितृ-परम्परा के अनुगमन के नियम क्या हैं।

आपने कभी ध्यानपूर्वक अपने माता-पिता को और भाई-बहनों को देखा हो तो नोट किया होगा कि सबका रंग-रूप कुछ-कुछ अलग होते हुए भी सबमें कुछ समानताएँ भी होती हैं। सभी कुछ न कुछ एक से भी लगते हैं। एक प्रश्न सदियों से प्राणि-वैज्ञानिकों के लिए सिरदर्द बना चला आ रहा था। उन्हें समझ ही नहीं आया कि विभिन्न प्रवृत्तियों का विभाजन वे किस प्रकार करें। मेण्डेल ने सर्वप्रथम इसकी विधि निकाली।

अब तो मनुष्य ने पेड़-पौधों और खाद्यान्नों से संबंधित फसलों आदि के नए संकरण तैयार कर लिए हैं जिनसे खाद्यान्नों और फलों आदि के उत्पादन और उनके गुणों में भी वृद्धि हुई है। परन्तु वंश परम्परा के प्रश्न

का पूरा समाधान मेण्डेल नहीं कर सके। आज भी अनेक वैज्ञानिक इस सम्बन्ध में खोज कार्य कर रहे हैं। मेण्डेल ने जो कार्य किया था उससे इस दिशा में आगे बढ़ने का अवसर प्राप्त हुआ। वंश परम्परा से जिस प्रकार प्रवृत्तियाँ पेड़-पौधों में आती हैं उसी तरह वंशानुगम का नियम मनुष्यों पर भी लागू होता है। इसी से यह सम्भव हो सका है कि हम कुछ बीमारियों के संक्रमण को रोकने में समर्थ हो सके हैं। विश्व के अनेक वैज्ञानिकों ने इस दिशा में अनेक प्रयत्न किए हैं। उन्होंने इस बात का पता लगा लिया है कि संतान के शरीर में जो कोशिकाएँ होती हैं उनके केन्द्र में क्रोमोसोम अथवा गुण-सूत्र होते हैं जिनके द्वारा माता-पिता के गुण संतान में आते हैं। माता-पिता से संतान में आने वाले गुणों की जानकारी पहले पहल डॉ. खुराना ने ही दी है। उनके साथ कार्य करने वाले वैज्ञानिक दल ने प्रयोगशाला में एक कृत्रिम जीन का निर्माण भी कर लिया।

खुराना के प्रयोग का महत्त्व यह है कि किस प्रकार जीन्स में परिवर्तन करके संतान के गुण-दोषों और रोगों में परिवर्तन किया जा सकता है अथवा उन्हें समाप्त किया जा सकता है। उनके रंग-रूप को भी बदला जा सकता है।

कृत्रिम जीन का मुख्य सिद्धान्त यह है कि प्रयोगशाला के पर्यावरण में इस प्रकार परिवर्तन किया जाता है जिसके कारण-पदार्थ आपस में कुछ ऐसे पेचीदा ढंग से मिल जाते हैं कि उनमें चेतनतत्त्वों जैसी कुछ विशेषताएँ आ जाती हैं। इस तरह उत्पन्न किए गए सूक्ष्म कणों से शिशु कणों को जन्म दिया जा सकता है। यह कार्य करने वाले वैज्ञानिक का कहना है कि कोषाणु के सदृश ये कण चेतना के वे रूप माने जा सकते हैं जिनसे जीवन प्रारम्भ होता है। इस प्रकार आनुवंशिकी के क्षेत्र में डॉ. हरगोविन्द खुराना ने जो सफलता प्राप्त की है उससे अणु वैज्ञानिकों को कृत्रिम जीव उत्पन्न करने में सहायता मिली।

डॉ. खुराना को कोनराड विश्वविद्यालय में जीवाणु विज्ञान की प्रोफेसरशिप प्राप्त हुई। उनकी गणना अंतरराष्ट्रीय क्षेत्र में इसलिए महत्त्वपूर्ण है कि उन्होंने न्यूक्लियर एसिड विज्ञान जेनेटिक कोड वंशानुगत प्रभावों का सृजन करने वाली रासायनिक प्रक्रिया का रहस्य खोला तथा कृत्रिम साधनों द्वारा वंशानुगत

विशेषताओं का नियन्त्रण करने में सफलता पाई।

यह कार्य पूरा होने के बाद डॉ. खुराना को नोबेल पुरस्कार से सम्मानित किया गया। उसके बाद अमेरिका की संस्थाओं ने उनके सम्मान में किसी प्रकार की कमी नहीं छोड़ी। अमेरिका की नेशनल एकेडमी ऑफ साइंस का उन्हें सदस्य बनाया गया। यह एक ऐसा सम्मान है जो किसी विशिष्ट अमेरिकन वैज्ञानिक को ही प्राप्त होता है। जीव विज्ञान के क्षेत्र में उनके उत्कृष्ट कार्य के लिए यूरोप के अनेक देशों ने भी उन्हें सम्मानित किया है।

डॉ. खुराना के मार्गदर्शन में अनुसंधान करने वाले अनेक वैज्ञानिकों ने डाक्टरेट की उपाधियाँ प्राप्त की हैं। ऐसे वैज्ञानिक जापान, जर्मनी, नेपाल, ब्रिटेन, बेल्जियम, आस्ट्रेलिया, न्यूजीलैंड आदि में फैले हुए हैं और भारत के कुछ लोग भी इसमें सम्मिलित हैं।

डॉ. खुराना ने अमेरिकी नागरिकता ले ली थी और वे 1964 से ही वहाँ पर विभिन्न विश्वविद्यालयों में कार्य करते रहे हैं।

अन्य जानकारी

डॉ. खुराना अपने अमेरिकी प्रवास के बाद एक-दो बार भारत आ चुके हैं। दिसम्बर, 1983 में 15वीं आनुवंशिक अंतरराष्ट्रीय कांग्रेस का सम्मेलन नई दिल्ली में हुआ था, इस सम्मेलन में भाग लेने के लिए वे भारत आए थे।

डॉ. खुराना के साथ काम करने वाले लोगों का कहना है कि वे बहुत ही सरल और सहृदय स्वभाव के व्यक्ति हैं। नोबेल पुरस्कार जैसे सम्मान से भी उनकी उद्यमशीलता में किसी प्रकार की कमी नहीं आई है। वास्तव में इसी उद्यमशील स्वभाव के कारण ही उन्होंने अपनी यह अद्भुत खोज दो वर्ष में ही पूर्ण कर ली थी जबकि अन्य वैज्ञानिकों को अपना कार्य पूरा करने के लिए अनेक वर्ष लगाने पड़े।

1988 में अमेरिका के राष्ट्रपति रोनॉल्ड रीगन ने उन्हें नेशनल मेडल ऑफ साइंस प्रदान करके सम्मानित किया था। यह अमेरिका का विज्ञान सम्बन्धी सर्वोच्च सम्मान है।

डॉ. खुराना ने स्विट्जरलैंड की जिस युवती से विवाह किया था उससे उन्हें दो पुत्रियाँ प्राप्त हुईं। एक का नाम जूली और दूसरी का नाम ऐमिली है।

डॉ. खुराना जब भारत आए थे तो वे आगरा का ताजमहल देखने गए थे। उन्होंने प्रकाश के सम्बन्ध में डॉ. सी. वी. रामन की पुस्तक पढ़ी थी। उसके बाद से उन्होंने जीन्स के अतिरिक्त दृष्टि और प्रकाश विषय पर भी कार्य प्रारम्भ कर दिया।

उनका कहना है कि चाँदनी रात में यदि आप ताजमहल के सामने खड़े होकर उसे देखें तो कुछ समय बाद उसका पूरा आकार साफ दिखाई देने लगेगा और यदि कुछ देर और इसी प्रकार उसे देखते रहेंगे तो ताजमहल उतना ही साफ दिखाई देने लगेगा जितना दिन में सूर्य के प्रकाश में दिखाई देता है। इस प्रकार उन्होंने एक नई दिशा में कार्य करना प्रारम्भ कर दिया है।

डॉ. खुराना ने अपनी योग्यता, उद्यमशीलता और सहृदयता के कारण पूरे विश्व में इस तथ्य को उजागर किया है कि भारतीय वैज्ञानिक विश्व के उच्चतम मानदण्डों पर खरे उतरते हैं।

पुरस्कार और सम्मान

नोबेल पुरस्कार-1968
राष्ट्रपति रीगन द्वारा अमरीकी नेशनल मैडल आफ साइंस प्रदान किया गया—1988
अमरीकी नेशनल अकादेमी के सदस्य

मदर टेरेसा

(1910-1997)

(नोबेल पुरस्कार वर्ष–1979)

मदर टेरेसा एक ऐसा नाम है जो दीन-दुखियों की सेवा का पर्याय बन गया है। इस नाम की एक और विशेषता यह है कि भारत से जुड़े होने के अतिरिक्त यह एक विश्व-प्रसिद्ध ऐसा नाम है कि जिसे किसी एक देश के साथ जोड़ कर रखना उचित प्रतीत नहीं होता। वे विदेश से भारत आकर पूर्णतया यहाँ की बन गईं और उन्होंने अपना सारा जीवन दीन-दुखियों की सेवा के लिए अर्पित कर दिया।

भारत में जहाँ अनेक नगरों में उनके बहुत से सेवा-केन्द्र हैं वहाँ सवा सौ अन्य देशों में भी 600 के लगभग सेवा-केन्द्रों की स्थापना उन्होंने की है। भारतीयों को इस बात का गर्व है कि भारत की हो जाने के बाद भी उन्होंने विश्व भर को अपनी सेवा के दायरे में लिया। मदर टेरेसा द्वारा स्थापित मिशनरिज ऑफ चैरिटी संस्था के नाम को दुनिया के अशिक्षित लोग भले ही न जानते हों ? परन्तु वे इतना अवश्य जानते हैं कि मदर टेरेसा का नाम दीन-दुखियों और ऐसे लाखों रोगियों के नाम से जुड़ा हुआ है जो अपने जीवन से पूरी तरह निराश हो चुके थे। अपने इसी कार्य के कारण उन्हें संसार में शान्ति का एक नवीन सन्देश देने के लिए नोबेल पुरस्कार से सम्मानित किया गया। अनेक विदेशी विद्वानों, समाजसेवियों और उद्योगपतियों ने भारत में आकर अपने विशिष्ट कार्यों की छाप छोड़ी है। यदि पिछले कुछ वर्षों के भारत के इतिहास पर दृष्टि डालें तो हमें ऐसे बहुत-से महानुभाव और महिलाएँ मिलेंगी जिन्होंने इंगलैंड, यूरोप तथा सोवियत संघ आदि देशों से भारत में आकर सदा के लिए इसे अपना घर

बना लिया है। परन्तु भारत में आने वाले विदेशियों में अधिकांश ऐसे लोग यहाँ आए हैं जिन्होंने यहाँ के दर्शन, चरित्र, प्राचीन कलाओं के कारण प्रेरित होकर भारत को अपना घर बनाया। अनेक लोगों ने यहाँ अपना जीवन जनता की सेवा के लिए भी अर्जित किया।

मदर टेरेसा का स्थान ऐसे ही महान व्यक्तियों में लिया जाता है। वे ईसाई धर्म की प्रचारक थीं। उन्होंने यहाँ तथा विश्व के अनेक देशों में दीन-दुखियों की सेवा का कार्य एक मानवीय प्रेरणा के कारण प्रारम्भ किया। जिस प्रकार ईसा मसीह ने अपनी मानवीय संवेदना के कारण जिन दीन-दुखियों के शरीर पर करुणा से भरा हुआ अपना हाथ रख दिया वे अपने आपको सभी कष्टों से मुक्त समझने लगते थे, इसी प्रकार मदर टेरेसा ने भी मानवीयता को ही आधार बना कर सेवा का कार्य किया। उनके सीने में एक ऐसा दिल धड़कता था जो दीन-दुखियों की निराशा भरी दृष्टि से द्रवित हो उठता था।

यदि हम मनुष्य की स्थिति पर विचार करें तो पाएँगे कि मनुष्य शारीरिक कष्टों से ही पीड़ित नहीं है, वह अन्य अनेक प्रकार के भौतिक, आधिभौतिक तथा मानसिक कष्टों से भी भयंकर रूप से पीड़ित है। प्राचीन भारतीय संत, महात्माओं आदि का लक्ष्य मनुष्य के उन कष्टों को दूर करना रहा है जिनके कारण अन्य अनेक समस्याएँ उत्पन्न होती हैं। मदर टेरेसा ने ऐसे लोगों के कष्ट दूर करने का प्रयत्न किया जिनके अंग गलकर धीरे-धीरे उनके जीवन को ही लील लेना चाहते थे। उन्होंने ऐसे दीन-दुखियों की सेवा करने का बीड़ा उठाया जिनकी सब आशाएँ समाप्त हो चुकी थीं। मदर टेरेसा के जीवन में बहुत-सी ऐसी घटनाएँ उनके सामने आईं जिससे वे द्रवित हो उठीं। बहुत कम लोग ऐसे होते हैं जो इनकी तरफ ध्यान देते हैं और उन्हें यथासम्भव दूर करने में जुट जाते हैं। कष्ट, रोग-शोक, दुख-दर्द मनुष्य जीवन के साथी हैं और कोई भी देश इनसे मुक्त नहीं है। यही कारण है कि मदर टेरेसा ने भारत के अतिरिक्त अन्य देशों में भी सैकड़ों सेवा-केन्द्रों की स्थापना की। मदर टेरेसा के सेवा कार्य पर किसी धर्म-जाति अथवा संप्रदाय की मोहर लगाना उचित नहीं।

मदर टेरेसा एक ऐसा व्यक्तित्व है जिसके संकेत पर बड़े-बड़े राष्ट्राध्यक्ष

मदर टेरेसा

सहायता करने के लिए तैयार हो जाते थे। परन्तु आश्चर्य इस बात का है कि उन्होंने कभी-भी दीन-दुखियों की सेवा के लिए प्राप्त होने वाली अपार धन-राशियों की एक पाई भी अपने लिए खर्च नहीं की। उन्होंने दीन-दुखियों और कष्टों से पीड़ित व्यक्तियों की सेवा करने का प्रयत्न करते हुए कभी उसके धर्म की न तो जानकारी प्राप्त करने का प्रयत्न किया और न किसी धर्म विशेष के लोगों को अन्य धर्म के लोगों की अपेक्षा विशिष्ट समझा।

उन्होंने जब कलकत्ता में सेवा कार्य प्रारम्भ किया तो काली मन्दिर के पास बनी एक धर्मशाला में एक कमरा उन्होंने किराए पर लिया। इसमें वह कुछ रोगियों का उपचार किया करती थीं। प्रारम्भ में लोगों ने इनका विरोध किया और वे नगर निगम के अधिकारियों के पास भी पहुँचे ताकि इस ईसाई महिला को वहाँ से निकाल कर लोगों का धर्म भ्रष्ट होने से बचाया जाए। परन्तु जब निगम का अधिकारी वहाँ पहुँचा तो उसने देखा कि वे तो निर्धन, गरीब, बीमार लोगों की सेवा में लगी हुई हैं—किसी के घाव साफ करने में, किसी की पट्टी बाँधनें में और किसी को स्वस्थ हो जाने की सांत्वना देने के काम में। ऐसी स्थिति में उन्हें निकालना सम्भव नहीं था। उस अधिकारी ने उन्हें निकालने वाली भीड़ से कहा कि यदि आपकी माताएँ और पत्नियाँ उसी प्रकार का कार्य करें तो क्या मैं उन्हें यहाँ से निकाल सकता हूँ ?

इसी प्रकार एक बार काली मन्दिर का पुजारी बहुत बीमार हुआ। वह मदर टेरेसा के पास जाने में झिझक रहा था क्योंकि उसने धर्मशाला के कमरे से उन्हें निकालने के लिए बहुत प्रयत्न किया था। जब मदर टेरेसा को पता चला तो स्वयं उन्होंने उसके पास जाकर उसे स्वस्थ किया। उसे क्या मालूम था कि ईसा में विश्वास करने वाली महिला सेवा कार्य में उससे भी अधिक विश्वास करती हैं। पुजारी के मुख से अनायास निकल पड़ा कि मैंने काली की सेवा में इतने वर्ष रहकर भी माँ के साक्षात् दर्शन आज ही किए हैं।

प्रारम्भिक जीवन

मदर टेरेसा का जन्म अगस्त, 1910 में अल्बेनिया के एक किसान

परिवार में हुआ था। छोटी-सी और प्यारी-सी इस बच्ची का नाम माता-पिता ने एग्नेस रखा। माता-पिता धार्मिक प्रवृत्ति के थे इसलिए वे अपने पास के गिरिजाघर में नियमित जाते थे। छोटी-सी बच्ची भी माता-पिता के साथ गिरिजाघर जाने लगी। इस प्रकार उसके मन में धर्म के प्रति लगाव उत्पन्न होने लगा। ऐसा विश्वास किया जाता है कि जीवन में आगे होने वाली घटनाएँ अनेक बार अपना पूर्वाभास दे देती हैं। छोटी-सी बच्ची एग्नेस के मन में भी ऐसे विचार आने लगे कि उसे कोई महान कार्य अपने जीवन में अवश्य करना है। इस कार्य को करने के लिए कोई दिव्य शक्ति उसे प्रेरित कर रही है।

वस्तुतः उन दिनों बहुत सी ईसाई संस्थाएँ अपने यहाँ के युवक-युवतियों को दूसरे देशों में सेवा-कार्य के लिए भेजा करती थीं। एग्नेस के घर के आस-पास के कुछ युवक-युवतियाँ उत्सुकतावश सेवा-कार्य के लिए भारत आए थे। वे अपने घर वालों को चिट्ठी-पत्री लिखते रहते थे जिनसे इस बालिका को भी पता लगता रहता था कि वे लोग अच्छा कार्य कर रहे हैं और उन लोगों को अपने कार्य से सन्तोष का अनुभव भी होता है। बालिका एग्नेस के मन में भी इस प्रकार सेवा-कार्य करने की इच्छा प्रबल होती जा रही थी। उसने अपने माता-पिता से आग्रह करके आयरलैंड की लॉरेटो संघ नामक शिक्षा संस्था में शिक्षा ग्रहण करने के लिए अपना नाम लिखवाया और एक वर्ष तक वहाँ शिक्षा प्राप्त की। इस प्रकार शिक्षा प्राप्त करने का उसका ध्येय यह था कि वह भी अपने पड़ोसी युवकों के समान कलकत्ता में सेवा-कार्य के लिए जा सके। अंत में एक दिन ऐसा आया कि उसे भी भारत में आकर सेवा-कार्य के लिए चुन लिया गया और वह कलकत्ता आ गई।

परन्तु भारत आने वाले इन लोगों पर कुछ नियम लागू होते थे। जितने भी ईसाई मिशनरी, नर्स अथवा समाज सेविकाओं के रूप में भारत अथवा अन्य देशों में जाते हैं, उन्हें अपने संघ के कुछ नियमों का पालन करना होता है। उदाहरण के लिए, वे किसी बस अथवा प्राइवेट टैक्सी से सफर नहीं कर सकते। उन्हें संघ द्वारा निश्चित स्थान पर रहना पड़ता है और वहाँ के अधिकारियों के आदेश के अनुरूप सेवा कार्यों में भाग लेना पड़ता

है। एग्नेस अन्य लड़कियों के साथ लारेटो संघ की कार में आती-जाती थी और नियमों के अनुरूप शिक्षा आदि का कार्य करती थी। यह कलकत्ता के विभिन्न मार्गों से गुजरते हुए फुटपाथों, पुलों अथवा विभिन्न पार्कों में पड़े हुए अपाहिजों, रोगियों तथा अन्य कष्टों से पीड़ित लोगों को देखती तो उसके मन में संघ की सीमाएँ पार करके उनकी सेवा करने की इच्छा होती। कलकत्ता में दो वर्ष तो इस बालिका ने लोरेटो संघ के अदब-कायदे के अनुसार बिता दिए परन्तु उसके मन में हर समय कुछ अलग हटकर कष्टों से घिरे उन्हीं लोगों की सेवा करने की बात आती रही।

आखिर उन्होंने एक दिन यह बात वहाँ के 'फादर' से कही। फादर ने यह समस्या कलकत्ता के बिशप के पास पहुँचाई। बिशप ने उन्हें समझाया और कहा कि इसकी आज्ञा के लिए रोम में पोप को लिखना होगा।

कलकत्ता के लारेटो संघ में कार्य करते हुए उन्हें दो वर्ष हो चुके थे और अब उनका नाम एग्नेस के बजाय टेरेसा पड़ चुका था। इसके बाद वे कुछ आराम करने के लिए दार्जिलिंग चली गईं। दार्जिलिंग से लौटने पर आर्कबिशप ने उन्हें बताया कि उन्हें उनकी इच्छानुसार कार्य करने की आज्ञा मिल गई है। परन्तु आर्कबिशप का कहना था कि वे सेवा कार्य भले ही करें परन्तु उनका रहन-सहन और कपड़े आदि संघ के नियमों के अनुरूप ही होने चाहिए। टेरेसा को यह मंजूर न था। अगले दिन वह बाजार गई और अपने पहनने के लिए एक सफेद धोती जिसमें किनारे पर तीन नीली धारियाँ थीं, खरीद लाई। उन्होंने संघ के वस्त्रों का परित्याग कर दिया और वह धोती पहन कर जब बिशप से मुलाकात करने गई तो बिशप उन्हें पहचान भी न सके। उस समय भी उन्हें समझाया गया कि वे सेवा कार्य संघ के निमयों का पालन करते हुए भी कर सकती है परन्तु टेरेसा ने निश्चय कर लिया था कि वह दुखियों-दरिद्रों और कष्ट से पीड़ित लोगों की सेवा उन्हीं जैसे वस्त्र पहन कर उन्हीं के बीच में रहकर करेंगी। अब कठिनाई यह थी कि उन्होंने अभी तक शिक्षा के क्षेत्र में कार्य किया था, उपचार और नर्सिंग आदि का उन्हें ज्ञान और अनुभव न था। इसलिए फादर ने उन्हें पटना में अमेरिकन मैडिकल मिशनरी सिस्टर्स नामक संस्था में ट्रेनिंग के लिए भेज दिया। उन्होंने दिन-रात वहाँ काम करके तीन-महीने में ही सभी प्रकार के

रोगों के उपचार की ट्रेनिंग ले ली। उसके बाद वह फिर कलकत्ता लौट आईं।

प्रारम्भिक कठिनाइयाँ

सेवा-कार्य के साथ-साथ यह भी निश्चय कर लिया था कि वे अपनी अलग संस्था बना कर यह कार्य करेंगी। परन्तु उनके सामने प्रारम्भिक कठिनाई यह थी कि कार्य प्रारम्भ करने के लिए कोई स्थान उपलब्ध नहीं था। अंततः कुछ लोगों के सहयोग से उन्हें काली मन्दिर की धर्मशाला में एक कमरा मिल गया और उन्होंने वहीं निर्धन, दीन-दुखी लोगों की सेवा का कार्य प्रारम्भ कर दिया।

उस समय की परिस्थितियों के अनुसार लारेटो कॉन्वेंट की अध्यापिका एग्नेस ने जो सेवा कार्य प्रारम्भ किया वह उनके अपने मन का निर्णय था।

अब उनका नाम एग्नेस की बजाय टेरेसा हो चुका था। टेरेसा के साथ 'मदर' शब्द का जुड़ना इस बात का प्रतीक है कि उनके कार्य में दीन-दुखी तथा अनेक प्रकार के कष्टों से पीड़ित व्यक्तियों ने माँ का प्यार देखा था। माँ के प्यार की विशेषता यह होती है कि उसमें किसी प्रकार का स्वार्थ नहीं होता।

प्रारम्भिक कठिनाइयों के होते हुए भी मदर टेरेसा के कार्य में तेजी से विस्तार होने लगा। उनके कार्य के विस्तार के साथ-साथ उनके सहायकों की संख्या में भी वृद्धि होने लगी। अन्य लोगों के सहयोग के साथ-साथ कलकत्ता के फादर और मिस्टर माइकेल ने भी इनके कार्य में सहयोग देना प्रारम्भ कर दिया। श्री माइकेल ने इनके कार्य से प्रभावित होकर और सेवा-कार्य में इनकी अटूट श्रद्धा देखकर अपने मकान की एक पूरी मंजिल मदर टेरेसा के सुपुर्द कर दी जहाँ उन्होंने रोगियों की सेवा सुश्रुषा का कार्य और अधिक सुविधापूर्वक प्रारम्भ कर दिया।

कार्य प्रारम्भ करते समय मदर टेरेसा के मन में यह भावना अवश्य काम कर रही थी कि जो व्यक्ति दृढ़ इच्छा शक्ति और निस्वार्थ भावना से कार्य प्रारम्भ करता है उसकी समस्याएँ धीरे-धीरे स्वतः दूर होने लगती हैं। यह बात इस उदाहरण से सिद्ध होती है कि जब मदर टेरेसा ने लारेटो कॉन्वेंट से अलग होकर सेवा का कार्य प्रारम्भ किया था तो उनके पास

जमा पूँजी के रूप में केवल पाँच रुपए की रकम थी। परन्तु ज्यों-ज्यों उन के कार्य का विस्तार होता गया उसी प्रकार उनकी सहायता के लिए सहायकों की संख्या में भी निरन्तर वृद्धि होने लगी और बहुत शीघ्र वह समय आ गया कि बड़े से बड़े राष्ट्रों के अध्यक्ष, राष्ट्रपति, प्रधानमन्त्री और विभिन्न देशों के बड़े-बड़े उद्योगपति उनकी सहायता में अपने आपको गर्वित अनुभव करने लगे। अब वह समय आ गया था कि जब उन्हें धन की कमी के कारण अपने सेवा कार्य को रोकने की आवश्यकता नहीं रही।

इतना ही नहीं, धन की कमी दूर होने के साथ-साथ उनके कार्य में सहायक स्वयं-सेविकाओं की संख्या में भी भारी वृद्धि हुई। जहाँ अपने एक-दो साथियों के साथ मदर टेरेसा ने कार्य प्रारम्भ किया था वहाँ आज उनके परलोक सिधार जाने के बाद भी हजारों की संख्या में विभिन्न देशों की युवतियाँ उनके कार्य में जुटी हुई हैं।

लारेटो कॉन्वेट की एग्नेस अब मदर टेरेसा बन चुकी थीं और उनकी संस्था का नाम 'मिशनरीज ऑफ चैरिटी' हो गया था।

मदर टेरेसा 'नन' होने के कारण जीवन भर अविवाहित रहीं। इस कार्य में जुटी अन्य ईसाई मिशनरी लड़कियों के लिए अविवाहित रहना आवश्यक है। इसी प्रकार उनके कार्य में सहयोग देने वाली अन्य युवतियों पर भी यह बात समान रूप से लागू होती है।

जिस समय मदर टेरेसा का कलकत्ता में निधन हुआ उनकी विभिन्न सेवा संस्थाओं में कार्य करने वाली स्वयं-सेविकाओं की संख्या भारत में ही चार हजार से अधिक थी।

कार्य का महान विस्तार

सम्भवतः प्रारम्भ में मदर टेरेसा के मन में केवल कलकत्ता में ही रहकर कार्य करने की इच्छा जागी थी परन्तु ज्यों-ज्यों उनका कार्य-क्षेत्र बढ़ता गया भारत के कई अन्य बड़े नगरों में भी उन्हें अपना कार्य प्रारम्भ करना पड़ा। धीरे-धीरे उनके नाम और सेवा कार्य के सम्बन्ध में जानकारी अन्य देशों में भी फैलने लगी। वहाँ की सरकारों और विभिन्न संस्थाओं द्वारा उनसे आग्रह किया जाने लगा कि वे उन देशों में भी अपना कार्य प्रारम्भ करें।

इस प्रकार नेपाल, पाकिस्तान, मलाया, युगोस्लाविया, मालटा, इंगलैंड, अफ्रीका तथा दक्षिण अमेरिका में भी मदर टेरेसा को सेवा कार्य प्रारम्भ करना पड़ा। आज मदर टेरेसा हमारे बीच में नहीं हैं परन्तु उनके द्वारा प्रारभ किए गए यह सेवा केन्द्र आज भी कार्य कर रहे हैं।

विभिन्न प्रकार के सम्मान

मदर टेरेसा ने निस्वार्थ भाव से सभी प्रकार के रोगियों के लिए सेवा कार्य प्रारम्भ किया था। प्रारम्भ में उन्होंने कुष्ठ रोगियों के लिए अपनी सेवाएँ दी थीं जिसके अधीन कुष्ठ सेवाग्रह की स्थापना की गई। निस्वार्थ भाव से चौबीसों घंटे सेवा करने के कारण मदर टेरेसा का नाम विश्व के कोने-कोने में पहुँच गया। इस प्रकार उनका सम्मान करने के लिए भी होड़-सी लग गई।

1962 में भारत सरकार ने उन्हें 'पद्मश्री' से सम्मानित किया परन्तु उनके महान कार्य को देखकर 1980 में उसने देश के सर्वोच्च नागरिक सम्मान 'भारत-रत्न' से विभूषित करने का निश्चय किया। परन्तु इससे भी पूर्व 1979 में विश्व का सबसे बड़ा नोबेल शान्ति पुरस्कार सम्मान उन्हें प्राप्त हो चुका था। इसके बाद तो दुनिया की प्रत्येक बड़ी संस्था और प्रायः सभी देशों के विश्वविद्यालयों और राष्ट्राध्यक्षों की ओर से उन्हें सम्मानित किया जाने लगा।

नोबेल पुरस्कार से पूर्व जो अनेक महत्त्वपूर्ण सम्मान उन्हें प्राप्त हो चुके थे उनमें मैगसेसे पुरस्कार 1962 में, 'पोनजान शान्ति पुरस्कार' 1971 में और 1971 में ही 'कैनाडियन राष्ट्रीय पुरस्कार' से सम्मानित किया गया। भारत सरकार ने उन्हें कहीं भी आने जाने के लिए रेल और हवाई यातायात की निशुल्क सुविधाएँ प्रदान कर दीं।

मदर टेरेसा का निधन

मदर टेरेसा का शरीर दुबला-पतला था परन्तु अपने मन की दृढ़ता के कारण उन्होंने जो कार्य प्रारम्भ किया था उसे अपने जीवन काल में ही सफलता के उच्चतम शिखर पर पहुँचा दिया था। आयु बढ़ती जाने के बावजूद

अपने कार्य को वे और अधिक समर्थ बनाना चाहती थीं। परन्तु विधि के विधान को कौन टाल सकता है ! मदर टेरेसा के विश्राम की घड़ी आ चुकी थी। जब उनके निधन का समाचार देश-विदेश में फैला तो अनेक सरकारों ने उनके सम्मान में राष्ट्रीय शोक मनाने के साथ-साथ अपने राष्ट्रीय-ध्वजों को भी झुका दिया था।

मदर टेरेसा जिस ईसाई संस्था से सम्बन्धित थीं, वहाँ इस प्रकार का कार्य करने वाले व्यक्तियों का सम्मान 'संत' की उपाधि देकर किया जाता है। वे इस बात की हकदार थीं और उन्हें यह सम्मान दिलाने की कार्यवाही जारी है।

निधन के बाद इतनी बड़ी संस्था और सेवा कार्य को चलाने के लिए उनका उत्तराधिकारी निश्चित करना आवश्यक था। इसके लिए सर्वसम्मत्ति से मदर निर्मला के नाम का सुझाव दिया गया। अब मदर निर्मला के नेतृत्व में उनकी सहायक हजारों स्वयंसेविकाएँ बड़ी निष्ठा से मदर टेरेसा के कार्य को आगे बढ़ाने में जुटी हुई हैं।

सेवा-धर्म

मदर टेरेसा का सम्पूर्ण जीवन एक बिलकुल नए प्रकार के सेवा धर्म का उदाहरण है। मदर टेरेसा ने एक महान साध्वी के समान अपना सारा जीवन नीली किनारे की दो सादी धोतियों में बिता दिया। दुनिया भर के दीनदुखियों की 'मां' का, उनका एक ऐसा रूप है जो आँखों से कभी ओझल नहीं होता।

पुरस्कार और सम्मान

मदर टेरेसा के निस्वार्थ सेवा भाव से प्रभावित होकर अनेक देशों की अनेक संस्थाओं ने उन्हें विभिन्न पुरस्कारों और सम्मानों से सम्मानित और अलंकृत किया—

नोबेल शान्ति पुरस्कार : 1979
मैगासेसे पुरस्कार : 1962
पोप जान शान्ति पुरस्कार : 1971
गुड सेमेरिटन (सेवाकार्य) पुरस्कार : 1971

जवाहरलाल नेहरू पुरस्कार : 1972
टेम्पलटन पुरस्कार : 1972
भारतरत्न (भारत का सर्वोच्च नागरिक सम्मान) 1980
आर्डर आफ मैरिट : 1983
राजीव गाँधी सद्भावना पुरस्कार : 1993
जान कैनेडी अन्तर्राष्ट्रीय पुरस्कार : 1971

सुब्रह्मण्यम चन्द्रशेखर

(1910-1995)

नोबेल पुरस्कार वर्ष–1982-83

डॉ. सुब्रह्मण्यम चन्द्रशेखर ने एक ऐसे क्षेत्र में कार्य किया जो बहुत ही विस्तृत और व्यापक है। उनकी खोज और अध्ययन का विषय तारों की रचना, उनका वायुमंडल और उनमें होने वाले परिवर्तन तथा चुम्बकीय क्षेत्र आदि रहा है। उन्होंने प्लाज्मा भौतिकी के सम्बन्ध में भी महत्त्वपूर्ण कार्य किया है। डॉ. चन्द्रशेखर भारत के उन महान मेधावी वैज्ञानिकों में से थे जिन्होंने विज्ञान के अपने क्षेत्र में बड़े-बड़े जाने-माने विदेशी वैज्ञानिकों को भी पीछे छोड़ दिया।

स्वच्छ आकाश में रात्रि के समय घर की छत पर अथवा किसी खुले मैदान से आकाश की ओर निहारें तो आपको असंख्य तारे दिखाई देंगे। ऐसा लगेगा कि किसी बहुत ही कुशल कारीगर ने रात की चुनरिया में ऐसे झिलमिल सितारे टाँक दिए हैं जिनकी चमक कभी समाप्त नहीं होती।

आपने आकाश की ओर देखते हुए यह भी अनुभव किया होगा कि विभिन्न तारामंडलों से विभिन्न प्रकार के आकार-प्रकार उभरते दिखाई देते हैं। भारतीय विद्वानों ने उनके सम्बन्ध में अनेक अनुमान लगाए हैं। भारतीय ज्योतिषियों ने उन तारामंडलों से विभिन्न प्रकार के जो रूप बनते हैं, उन्हें बारह राशियों का नाम दिया है, जिन्हें मेष, वृष, मिथुन तथा कन्या आदि के नाम से पुकारा जाता है। भारतीय ज्योतिष के अनुसार बच्चे का जिस समय जन्म होता है उस समय इन तारामंडलों की जो स्थिति होती है, उसका सम्बन्ध बालक के भविष्य से होता है।

सुब्रह्मण्यम चन्द्रशेखर

इन तारा मंडलों में कुछ तारे ऐसे भी हैं जो अपनी चमक-दमक और विशेष स्थिति के कारण बहुत महत्त्वपूर्ण और प्रसिद्ध माने गए हैं। डॉ. चन्द्रशेखर ने विशेषकर इन्हीं के सम्बन्ध में अध्ययन किया है। इसके अतिरिक्त इनकी रचना तथा उनके ह्रास होने के सम्बन्ध में जो गणनाएँ उन्होंने की हैं, उनके कारण उन्हें खगोल शास्त्री के अतिरिक्त भौतिकी का विद्वान और गणितज्ञ भी माना जाने लगा है। परन्तु वे स्वयं अपने आपको खगोल शास्त्री ही मानते रहे हैं।

तारा किसे कहते हैं

सुब्रह्मण्यम चन्द्रशेखर का मुख्य विषय तारों से सम्बन्धित है। उनकी रचना और स्थितियों के सम्बन्ध में ही उन्होंने विशेष रूप से खोज की है। इसलिए पाठकों के लिए सबसे पहले यह जान लेना आवश्यक है कि तारा किसे कहते हैं।

मनुष्य पृथ्वी पर खड़ा होकर आकाश, सूरज, चाँद, सितारों आदि की ओर देखता है तो वह क्या सोचता है ? वह जब ज्ञान की आदिम स्थिति में था तब भी वह आकाश की ओर देखकर आश्चर्यचकित होता था। जब वह क्षितिज से ऊपर चारों दिशाओं की ओर देखता था तो उसे वहाँ पर सितारों के दीए से टिमटिमाते हुए दिखाई देते थे। वह कभी यह भी देखता था कि रात बिलकुल काली है। सितारों की गिनती करना उसके लिए अत्यन्त कठिन था। कभी-कभी वह देखता कि आकाश में चाँद का गोला चमक रहा है। तब वह देखता कि चाँद के प्रकाश में दिखाई देने वाले बहुत से सितारे दिखाई नहीं देते। जिस प्रकार तब ये सितारे उसके लिए रहस्य बने हुए थे, उसी प्रकार मनुष्य के ज्ञान में अत्यधिक विस्तार होने के बावजूद बहुत सी बातें ऐसी हैं जिन्हें हम आज तक पूरी तरह सुलझा नहीं पाए हैं। वैज्ञानिक उनके अनेक रहस्यों को सुलझाने में लगे हुए हैं। चन्द्रशेखर सुब्रह्मण्यम ने इन्हीं अनेक रहस्यों में से एक ऐसे रहस्य को सुलझाने और यह बताने का प्रयत्न किया कि तारों की अन्तिम स्थिति क्या होती है ?

जब मनुष्य को पूर्व-पश्चिम-दक्षिण-उत्तर आदि दिशाओं का ज्ञान हो गया तो उन्होंने बहुत-सी बातों का निश्चय कर लिया और उनकी वे बातें आज भी उपयोगी सिद्ध हो रही है। सदा एक ही स्थान पर दिखाई देने

वाले तारों से रात्रि के समय विशाल समुद्र पर यात्रा करने वाले नाविक दिशा-निर्देश और समय का ज्ञान उसी प्रकार प्राप्त करते हैं जिस प्रकार कश्मीर की पहाड़ियों पर अपनी भेड़ों को चराने वाला गद्दी चरवाहा समय और दिशा का अनुमान लगाकर अपना कार्य प्रारम्भ करता है। विश्वास किया जाता है कि प्रारम्भिक काल में अज्ञात अमरीकी प्रदेशों की खोज में बढ़ने वाले लोगों ने ध्रुव तारों आदि से बहुत लाभ उठाया। वे देखते थे कि बहुत से तारे उनके घरों में रहने के समय भी उसी प्रकार एक ही स्थान पर चमकते हुए दिखाई देते थे और अब जब वे नए प्रदेशों की खोज में घूम रहे हैं तो भी वे उनके सिर पर चमकते उनके साथ-साथ चलते हुए प्रतीत होते हैं। अब लोगों को यह ज्ञात हो गया कि ये तारे सदैव हमारे साथ रहने वाले हैं इसलिए अब वे उन्हें अपना साथी मानने लगे।

वास्तव में तारा क्या है ?

तारा उसे कहते हैं जो अपने प्रकाश से आकाश में चमकता हुआ दिखाई देता है। जिस प्रकार सूर्य अपने प्रकाश से चमकता है उसी प्रकार यह आकाश में चमकते और टिमटिमाते तारे भी अपने ही प्रकाश से चमकते हैं।

आप पूछ सकते हैं कि सूर्य का प्रकाश तो इतना अधिक और त्रीव है कि उसकी ओर नंगी आँख से देखना भी असम्भव है परन्तु ये छोटे-छोटे तारे सूर्य के समान कैसे हो सकते हैं ?

इसका उत्तर यह है कि ये अत्यन्त छोटे-छोटे दिखाई देने वाले तारे हमसे बहुत ज्यादा दूर हैं इसलिए ये इतने छोटे दिखाई देते हैं।

बहुत से लोग शुक्र, वृहस्पति, शनि और मंगल आदि ग्रहों को भी तारा कह कर पुकारते हैं। परन्तु ये तारे नहीं हैं। ये उपग्रह हैं और सूर्य के प्रकाश से चमकते हैं। यहाँ एक और बात स्पष्ट कर देना आवश्यक है कि इन ग्रहों अथवा उपग्रहों से जो प्रकाश निकलता दिखाई देता है वह स्थिर है, अर्थात् हम उसे निरन्तर एक ही रूप में देख सकते हैं। परन्तु छोटे-छोटे तारे कभी चमकते हैं और कभी उनकी चमक मंद पड़ती दिखाई देती है।

टिमटिमाने का कारण

आप यह जानते हैं कि पृथ्वी के ऊपर जो वायुमंडल और हवा की परत है उसमें जब कभी उतार-चढ़ाव होता है तो ऐसा प्रतीत होता है कि तारे टिमटिमा रहे हैं। इसका कारण यह है कि गतिशील वायु प्रकाश को मोड़ देती है। प्रकाश के मुड़ने के कारण ही हमें ऐसा लगता है कि तारों का प्रकाश कभी कम होता है और कभी बढ़ता है।

पृथ्वी पर वायु का एक और प्रभाव होता है। इसके कारण प्रकाश रंगों में परिवर्तित होता है। कभी वह अत्यन्त तीव्र होता है और कभी बहुत मंद।

सूर्य भी एक तारा है परन्तु वह पृथ्वी के इतना निकट है कि वह इतना चमकता हुआ दिखाई देता है। पृथ्वी से सूर्य की दूरी 93000000 मील है। इस प्रकार सूर्य का प्रकाश पृथ्वी तक 186,284 मील प्रति सैकंड की रफ्तार से चलता हुआ $8\frac{1}{3}$ मिनट में पृथ्वी तक पहुँचता है। परन्तु छोटे-छोटे दिखाई देने वाले बहुत से तारों का प्रकाश पृथ्वी तक पहुँचने में इससे 270,000 गुना अधिक समय लगता है। इससे आप अनुमान लगा सकते हैं कि वे तारे पृथ्वी से कितनी ज्यादा दूर हैं। उन तारों का प्रकाश पृथ्वी तक $4\frac{1}{3}$ वर्ष में पहुँचता है। बहुत से तारे इससे भी दूर हैं।

अब तारों की संख्या के बारे में सोचें :

आकाश में इतने अधिक तारे हैं कि न तो उन्हें पूरी तरह गिना जा सकता है और न उनका सम्पूर्ण विवरण तैयार किया जा सकता है। कुछ वैज्ञानिकों ने इस सम्बन्ध में कार्य किया है और कुछ हजार तारों के चित्र भी छपे हैं। परन्तु अभी तक 30,000,000,000 तारे ऐसे हैं जिनके सम्बन्ध में न तो चित्र तैयार हुए हैं और न कोई विवरण प्राप्त हुआ है। प्रयास जारी है।

दो प्रकार के तारे

तारों को उनकी विशालता और चमक के कारण मुख्य रूप से दो विभागों में बाँटा गया है। दो हजार वर्ष पूर्व प्राचीन लोगों ने तारों की पहचान करना प्रारम्भ किया था परन्तु इतनी अधिक संख्या में होने के कारण न तो सबको कोई विशेष नाम दिया जा सका और न पृथक् विवरण तैयार किया जा सका। इस काम को सरल बनाने के लिए तारों को कुछ विभागों

में बाँट दिया गया, जिनको देखकर किसी प्रकार की कोई शक्ल उभरती है और उनके नामों का निर्धारण उनकी शक्ल के अनुसार कर दिया गया। तारा मंडलों के जो विभिन्न स्वरूप दिखाई दिए उन्हें वह नाम दे दिया गया। जहाँ यूनानियों और रोमन लोगों ने अपने नाम दिए वहाँ भारतीयों ने अपने नाम दिए। इन वैज्ञानिकों अथवा खगोल शास्त्रियों द्वारा निर्धारित मेष, वृष आदि आज भी प्रचलित हैं। जिन सात तारों के साथ उत्तर दिशा में चमकता हुआ परन्तु वहीं पर स्थिर ध्रुव तारा दिखाई देता है, उसे हम सप्तऋषि के नाम से पुकारते हैं।

तारों के सम्बन्ध में एक और बात जान लेना आवश्यक है, वह यह है कि तारे स्थिर नहीं हैं। वह बड़ी तेजी से चल रहे हैं। इससे यह भी अनुमान लगाया गया है कि अन्तरिक्ष का आयाम और व्यापक तथा विस्तृत होता जा रहा है। यह गुब्बारे की तरह फूल रहा है।

बड़ी-बड़ी दूरबीनों से तारों का अध्ययन प्रारम्भ हुआ। परन्तु आज विभिन्न वेधशालाओं में विशाल दूरबीनों के साथ ऐसे उपकरण लगा दिए गए हैं जिनसे उनकी गति, उनकी दूरी, उनकी चमक, उनका रंग, उनका तापमान और उनके आकार-प्रकार का पता लगाना भी सम्भव हो सका है। डॉ. चन्द्रशेखर ने न जाने कितने दिन और कितनी रातें यर्किज आदि वेधशालाओं में बैठकर सितारों का अध्ययन करते हुए बिताई हैं। तारों के अथवा उनके प्रकाश के रंग के सम्बन्ध में भी अब बहुत सी जानकारी प्राप्त हो चुकी है। बहुत से तारे नीलापन लिए हुए हैं, बहुत से बिलकुल सफेद प्रतीत होते हैं। कुछ तारे पीले अथवा लाल रंग के भी हैं। कुछ तारे ऐसे भी हैं जिनसे ताप निकलता हुआ दिखाई देता है परन्तु कुछ तारे ऐसे भी हैं जिनसे बहुत ज्यादा ताप निकलता है। कुछ तारों की सतह का तापमान 1600 डिग्री से लेकर 80,000 डिग्री सेंटीग्रेड तक है। इस बात से अनुमान लगाया गया है कि उनके मध्य भाग का तापमान 30,000,000 डिग्री होगा।

आपको यह जानकर और भी आश्चर्य होगा कि कुछ तारे विशालाकार वृहस्पति के आकार के हैं। ऐसा अनुमान किया गया है कि विशालतम तारे सूर्य की अपेक्षा 500 गुणा अधिक बड़े हैं। इस प्रकार तारों की जो दो श्रेणियाँ अथवा भाग किए गए थे उनमें से एक को विशालतम अथवा 'जाऐंट' (Giant) और दूसरी श्रेणी के तारों ड्वार्फ (Dwarf) अथवा लघु तारा कहा गया है।

डॉ. चन्द्रशेखर ने विशेष रूप से इन्हीं ड्वार्फ अथवा लघु तारों के सम्बन्ध में अध्ययन किया है। सफेद ड्वार्फ तारों में जो थोड़े से दिखाई दिए हैं वे अत्यन्त गर्म हैं और अपने आकार-प्रकार के तारों में सबसे अधिक भारी भी हैं।

कुछ तारों के प्रकाश में निरन्तर अन्तर पड़ता रहता है। इनकी चमक और इनके आकार में अन्तर देखा गया है। इन तारों का प्रकाश धीरे-धीरे लम्बे समय में कम होता रहता है। इसमें कई बार अनेक दिन अथवा महीने भी लगते हैं। कुछ तारे ऐसे भी हैं जो कुछ दिन अथवा घंटों में ही परिवर्तित हो जाते हैं। उनकी चमक में परिवर्तन कई बार नियमित रूप से और कई बार अनियमित रूप से होता है। ऐसा उनके बीच में विद्यमान विभिन्न गैसों के स्पन्दन से होता है। गैसों के इस स्पन्दन से पहले तारा फैलता है और उसके बाद आकुंचित होता अथवा सिकुड़ता है। इसके कारण इससे निकलने वाले प्रकाश में भी परिवर्तन आता है। डॉ. चन्द्रशेखर ने इन्हीं बातों का विस्तृत अध्ययन किया है। उन्होंने बताया है कि तारा किस प्रकार अपनी अन्तिम स्थिति में पहुँचकर सफेद वामन अथवा ह्वाइट ड्वार्फ क्यों कहलाता है।

तारामंडल क्या है

जैसा कि अभी ऊपर बताया गया है कि तारों की संख्या इतनी अधिक है कि उनका अलग-अलग नाम रखना अथवा जानकारी देना अत्यन्त कठिन है, इसलिए उन्हें विभिन्न तारा समूहों अथवा तारामंडलों में बाँट दिया गया है। जब आप सितारों की तरफ देखते हैं तो पहली बात जो आपकी नजर में आती है वह यह कि उनमें से कुछ दूसरों से ज्यादा चमकीले हैं। इसके बाद आपको नजर आता है कि इन चमकीले सितारों में से कुछ ऐसे हैं जिनसे कुछ शक्लें-सी बन जाती हैं, ऐसी शक्लें जिन्हें याद रखना मुश्किल नहीं है। सितारों से बनने वाली इन शक्लों को ही 'तारामंडल' कहते हैं। प्राचीन भारतीयों और यूनानियों ने तारामंडलों के नाम रखकर आकाश का एक नक्शा भी तैयार किया है। जिस तरह भारत के किसी नक्शे में यह दिखाया जाता है कि लखनऊ उत्तर प्रदेश में स्थित है, उसी तरह तारामंडलों के नक्शे में दिखाया जाता है कि ध्रुवतारा लघु-सप्तर्षिमंडल में स्थित है।

जब लोगों ने सितारों की शक्लों को तारामंडलों के रूप में पहचानना

शुरू किया तो उन्हें एक बिलकुल नई बात का पता चला। उन्होंने देखा कि सितारे चलते भी हैं। कोई भी तारामंडल अलग-अलग समय में आकाश में अलग-अलग जगहों पर देखा जा सकता है, लेकिन खुद तारामंडल का रूप कभी नहीं बदलता। उसके सभी सितारे साथ-साथ चलते हैं। प्राचीन काल के लोगों के लिए यह मान लेना बहुत आसान था कि खुद आकाश चलता है और सितारे उसमें बँधे हुए हैं। लेकिन क्या यह सभी तारों के लिए सच था ? आकाश को ध्यान से देखते रहने पर लोगों को पता चला कि सबसे तेज चमकने वाले सितारों में से कुछ ऐसे भी हैं जो सदा किसी एक ही तारामंडल में स्थित नहीं रहते। साल के भिन्न-भिन्न समयों में वे भिन्न-भिन्न तारामंडलों में दिखाई देते हैं। इन्हें 'घूमने वाले सितारे' कहा जाने लगा। ऐसे घूमने वाले सितारों को हम 'ग्रह' कहते हैं।

प्राचीनकाल के लोग, केवल पाँच ग्रहों को पहचान पाए थे। उन्होंने अपने देवताओं के नाम के आधार पर इन ग्रहों के नाम रखे : वृहस्पति ('जूपिटर' देवताओं का राजा), शुक्र ('वीनस', प्रेम की देवी), मंगल ('मार्स', युद्ध का देवता), बुध ('मर्करी', देवताओं का संदेशवाहक) और शनि ('सैटर्न', समय का देवता)। कोष्ठकों में दिए गए नाम ग्रहों के रोमन नाम हैं, जो अब भी प्रचलित हैं।

उन लोगों ने यह भी देखा कि कभी-कभी आकाश में अचानक कोई सितारा तेजी से चमकता हुआ गुजरता है और फिर गायब हो जाता है। इनके बारे में माना जाता था कि ये ऐसे सितारे हैं जो आकाश से टूटकर गिर रहे हैं। इन्हें 'उल्का' (मीटिओर) कहा गया।

कभी-कभी आकाश में उन्हें एक और चीज दिखाई दे जाती थी—एक लम्बी चमकीली पूँछवाला चमकदार सितारा। ऐसे सितारे को 'धूमकेतु' या पुच्छल तारा कहा गया। धूमकेतु कई सालों के अन्तर पर दिखाई देते हैं। अब भी ऐसा ही होता है। आमतौर से कोई भी व्यक्ति अपने जीवनकाल में एक से अधिक धूमकेतु नहीं देख पाता है। कुछ समय पहले तक जब आकाश में धूमकेतु दिखाई देता था तो लोग भयभीत हो उठते थे। कभी-कभी वे सोचते थे कि अब संसार का अंत समीप आ गया है।

इस प्रकार जिन चीजों को आज भी हम आकाश में अपनी आँखों से देखते हैं, जैसे सूर्य, चन्द्रमा, सितारे, आकाशगंगा, ग्रह, उल्काएँ और

'धूमकेतु' आदि, ये प्राचीन काल के लोगों की जानी-पहचानी चीजें थीं।

सितारों का निर्माण

सितारों के बनने के बारे में एक सिद्धान्त तो यह है कि वे उन परमाणुओं के, विशेष रूप से हाइड्रोजन के, बादलों से बने हैं जो पूरे अंतरिक्ष में फैले हुए हैं। जब काफी परमाणु एक जगह जमा हो जाते हैं तो उनका गुरुत्व उन्हें एक-दूसरे के और भी पास खींच लाता है और वे एक गोले का रूप ले लेते हैं। जब ये परमाणु आपस में ज्यादा से ज्यादा दबने लगते हैं तो एक-दूसरे से बहुत जोर से टकराने लगते हैं। आपस में टकराने से वे बहुत ज्यादा गर्मी पैदा करते हैं। इस तरह उनमें परमाणविक शृंखलन की क्रिया शुरू हो जाती है जो उन्हें सूर्य की तरह चमकाने लगती है। अंत में जब वह सितारा अधिक से अधिक घना हो जाता है, तो वह सफेद वामन सितारों की तरह ठोस और गरम हो जाता है।

लेकिन इस क्रिया की भी एक सीमा है। परमाणु आपस में जितने ही ज्यादा दबते हैं, वे एक-दूसरे से टकराने के कारण उत्पन्न होने वाली गर्मी के कारण ज्यादा सक्रिय भी होते जाते हैं। यहाँ तक कि अंत में उनमें विस्फोट हो जाता है और परमाणु फिर से बादलों के रूप में बिखर जाते हैं, और इस तरह यह प्रक्रिया फिर नए सिरे से शुरू हो जाती है। आकाश में ऐसे विस्फोट देखे गए हैं जो शायद इसी प्रकार किसी सितारे के नष्ट होने के कारण हुए थे।

श्वेत वामन (ड्वार्फ) की अन्तिम अवस्था

आप यह जानते हैं कि सूर्य भी एक तारा है। उसमें विद्यमान गैसें जो गति करती हैं उनसे ऊर्जा की उत्पत्ति होती है। ऊर्जा की उत्पत्ति का कारण गति है। वैसे ऊर्जा अन्य कई प्रकार से भी प्राप्त होती है। तारों में विद्यमान ऊर्जा को काइनैटिक एनर्जी (Kinetic Energy) कहते हैं। ऊर्जा से जो गति पैदा होती है उसके कारण धीरे-धीरे यह ऊर्जा समाप्त भी होती रहती है। गति के कारण किसी वस्तु की सक्रियता बढ़ती है। उस गति की अथवा हलचल की स्पीड को ही 'काइनैटिक एनर्जी' कहते हैं। वैज्ञानिकों ने इस गति का अनुमान लगाया है। उदाहरण के लिए, उनका मानना है

कि तेजी से भागता हुआ तोप का गोला, गाड़ी की गति अथवा तेजी से गिरते हुए पानी अथवा पृथ्वी के वातावरण में गिरने वाली उल्का की गति 15 से 50 मील प्रति सैकंड होती है।

इस ऊर्जा का महत्त्व इस बात पर निर्भर है कि गति करने वाले तत्व का भार कितना है और वह वस्तु कितनी तेजी से गति कर रही है।

किसी तत्व से जो ऊर्जा प्राप्त होती है उससे बहुत से कार्य सम्पन्न होते हैं परन्तु बहुत सी ऊर्जा नष्ट भी हो जाती है। उदाहरण के लिए, भाप से चलने वाली गाड़ी कोयले में निहित ऊर्जा से चलती है जबकि कोयले में निहित ऊर्जा का 8 प्रतिशत ही गाड़ी को चलाने के लिए खर्च होता है। इसी प्रकार गैस अथवा डीजल से चलने वाले इंजनों में अधिक ऊर्जा के नष्ट होने का अनुमान लगाया गया है। यह नष्ट होने वाली ऊर्जा ज्यादातर बेकार जाती है। जो ऊर्जा बेकार जाती है उससे अंतरिक्ष का तापमान बढ़ता है। इस प्रकार धीरे-धीरे किसी भी तत्व की ऊर्जा कम होती जाती है। पृथ्वी के गर्भ में जो ऊर्जा है वह भी धीरे-धीरे वर्षा अथवा उससे निकलने वाले पैट्रोलियम पदार्थों और गैसों के कारण कम हो रही है।

ऐसी स्थिति में आप पूछ सकते हैं कि जब सूर्य हमारे लिए ऊर्जा का स्रोत है तो एक दिन ऐसा आएगा कि हम उसकी ऊर्जा से वंचित हो जाएँगे। उस समय पृथ्वी पर क्या स्थिति होगी ? इसका अनुमान लगाना कठिन है परन्तु वैज्ञानिकों का कहना है कि सूर्य में इतनी अधिक ऊर्जा है कि आने वाले 10,000,000,000 वर्ष तक उसकी ऊर्जा समाप्त नहीं होगी। इसके साथ-साथ वे यह भी बताते हैं कि तारों का मध्य भाग 35 प्रतिशत हाइड्रोजन नामक गैस से बना है इसलिए उसमें गर्मी और गैसों का दबाव बहुत अधिक है। परन्तु तारों के आकार-प्रकार में कमी आने के साथ-साथ हाइड्रोजन हीलियम में परिवर्तित होती रहती है। इससे स्पष्ट होता है कि तारों से ऊर्जा इसी प्रकार समाप्ति की ओर बढ़ती चली जाती है। ऊर्जा के धीरे-धीरे समाप्त होने से तारे अथवा सूर्य आकुंचित होते चले जाते हैं।

डॉ. चन्द्रशेखर का कार्य यह सिद्ध करता है कि जब तारों का मध्य भाग अथवा उनकी नाभिकीय ऊर्जा अंततः समाप्त हो जाती है तो वह सिकुड़ता हुआ अपने ही गुरुत्त्वाकर्षण के प्रभाव से एक बड़े अणु के रूप में बदल जाता है। इस बात से यह पता चलता है कि तारे की अन्तिम

स्थिति श्वेत वामन के रूप में ही होती है।

इससे यह प्रकट होता है कि जो तारे श्वेत वामन स्थिति में आ गए हैं उनमें हाइड्रोजन गैस का पूर्णतया अभाव है। इसी बात को सिद्ध करने के लिए डॉ. सुब्रह्मण्यम चन्द्रशेखर को 1982-83 में नोबेल पुरस्कार से सम्मानित किया गया।

जन्म और शिक्षा

डॉ. सुब्रह्मण्यम चन्द्रशेखर डॉ. सी. वी. रामन के सम्बन्धी थे। इनका जन्म अक्टूबर, 1910 में लाहौर में हुआ था जो अब पाकिस्तान के प्रदेश पंजाब की राजधानी है। परन्तु इनकी शिक्षा मद्रास के प्रेसीडेंसी कॉलेज में हुई। उनकी विशेषता यह थी कि वे गणित में असाधारण रूप से योग्य थे। उन्होंने छोटी सी आयु में विज्ञान सम्बन्धी विषयों पर लिखना प्रारम्भ कर दिया था और 18 वर्ष की आयु में उनका एक लेख लंदन की रॉयल सोसायटी की पत्रिका में प्रकाशित हुआ था।

1930 में उन्होंने भौतिकी में एम.ए. ऑनर्स किया। उन्होंने प्रथम श्रेणी में आने के साथ-साथ पूरे विश्वविद्यालय में सबसे अधिक अंक प्राप्त किए थे। उन्हें भारत सरकार से छात्रवृत्ति प्राप्त हुई और उन्होंने इंगलैंड जाकर कैम्ब्रिज विश्वविद्यालय के ट्रिनिटी कॉलेज में अनुसंधान कार्य प्रारम्भ किया। यह छात्रवृत्ति उन्हें 1934 तक प्राप्त हुई। 6 वर्ष कार्य करने के बाद उन्हें पी-एच. डी. और 1942 में डी. एस-सी. की उपाधि प्राप्त हुईं।

व्यावसायिक जीवन में प्रवेश

इंगलैंड के बाद वे अमरीका आ गए और शिकागो की यर्कीज वेधशाला में रिसर्च एसोसिएट के पद पर कार्य करने लगे। 1938 से 1941 तक वे वहीं पर असिस्टेंट प्रोफेसर और 1947 से 1952 तक तारा भौतिकी के प्रोफेसर के पद पर कार्य करते रहे।

डॉ. चन्द्रशेखर के अनुसंधान का मुख्य विषय तारों की रचना, उनका वायुमंडल, उनका क्षोभ सिद्धान्त और चुम्बकीय क्षेत्र सहित गैर चुम्बकीय क्षेत्र के तरल तत्वों से सम्बन्धित रहा है। प्लाज्मा भौतिकी के सम्बन्ध में भी उन्हें कार्य किया है।

कुछ महत्त्वपूर्ण पुस्तकें

डॉ. चन्द्रशेखर ने अपने कार्य से सम्बन्धित चार-पाँच महत्त्वपूर्ण पुस्तकें भी लिखी हैं। उनकी पहली पुस्तक 'एन इंट्रोडक्शन टू दि स्टडी ऑफ स्टैलर स्ट्रक्चर' सन् 1939 में प्रकाशित हुई थी। इस पुस्तक में तारों की रचना के सम्बन्ध में महत्त्वपूर्ण प्रकाश डाला गया है। उनकी दूसरी पुस्तक 'प्रिंसिपल्स ऑफ स्टैलर डायनामिक्स' सन् 1943 में शिकागो विश्वविद्यालय से प्रकाशित हुई थी। उनकी तीसरी व चौथी पुस्तक 'रेडिएटर ट्रांसफर' सन् 1940 में प्रकाशित हुई और 1961 में 'हाइड्रोडायनामिक एंड हाइड्रोमैग्नेटिक स्टेबिलिटी' प्रकाशित हुई।

डॉ. सुब्रह्मण्यम चंद्रशेखर ने एक ऐसे क्षेत्र में महत्त्वपूर्ण कार्य किया है जिसके सम्बन्ध में प्रकृति के प्रारम्भ से आदिम मानव जानने के लिए उत्सुक रहा है। आपके विदेशों में जाने और अन्त में अमेरिका में बस जाने का एक कारण यह था कि भारत में इस विषय से सम्बन्धित खोज और अनुसंधान कार्य के लिए न तो सामग्री उपलब्ध थी और न वेधशालाएँ। 1953 में उन्होंने अमरीकी नागरिकता प्राप्त कर ली परन्तु वे भारत को नहीं भूले और अनेक बार यहाँ आकर वहाँ की शिक्षा संस्थाओं, उच्च-अधिकारियों और अपने सम्बन्धियों से मिलते रहे। नोबेल पुरस्कार प्राप्त करने के बाद नवम्बर, 1984 में वे विश्वभारती विश्वविद्यालय आए थे और उन्हें वहाँ की उच्च उपाधि 'देशिकोत्तम' से विभूषित किया गया।

इसके अतिरिक्त देश-विदेश की अनेक विज्ञान संस्थाओं से वे सम्बन्धित रहे। अनेक सरकारों और संस्थाओं ने उन्हें सम्मान और स्वर्ण पदकों से विभूषित किया। डॉ. चन्द्रशेखर आज हमारे बीच नहीं हैं परन्तु उन्होंने जो कार्य किया है वह उनकी स्मृति को सदैव जीवित और अमर रखेगा।

पुरस्कार और सम्मान

नोबेल पुरस्कार : 1982-83
विश्वभारती द्वारा 'देशिकोत्तम' उपाधि
अमरीकी विश्वविद्यालयों द्वारा पदक और सम्मान

अमर्त्य कुमार सेन

जन्म 1932

नोबेल पुरस्कार वर्ष–1998

अर्थशास्त्र के क्षेत्र में यूरोप और अमरीका का वर्चस्व रहा है। उन सबका ध्येय इसी बात तक सीमित रहा है कि धन का उपयोग करके किस प्रकार और अधिक धन प्राप्त किया जाए। अब तक की अर्थशास्त्र की विचारधारा केवल उन्हीं व्यक्तियों के इर्द-गिर्द घूमती रही है जो सदा से सम्पन्न रहे हैं और जिनके पास ऐसी शक्ति है कि वे रुपया लगाकर उसकी संख्या बढ़ा सकें। वैसे देखा जाए तो इस विचारधारा के कारण यूरोप और अमरीका के देश औद्योगिक क्रान्ति के कारण आगे बढ़ने में समर्थ हुए। यह बात भी ठीक है कि उनकी इस विचारधारा से उनके विकास में सहायता मिली और वे विकसित देशों की श्रेणी में आ गए। परन्तु उन्होंने इस बात की ओर कभी ध्यान नहीं दिया कि अर्थशास्त्र का एक पक्ष यह भी है कि निर्धन लोगों को किस प्रकार निर्धनता के चंगुल से मुक्त किया जाए। उद्योगों और बड़े-बड़े कारखानों की स्थापना केवल वही व्यक्ति कर सकते हैं जो पहले से ही सम्पन्न हों। यह ठीक है कि उन उद्योगों और कारखानों में मजदूरों को काम करके अपना पेट भरने का अवसर मिलता है। वे जीवन भर अपने और अपने बच्चों के लिए दो वक्त की रोटी कमाने के चक्कर में पड़े रहते हैं, उनके मन में कभी इस बात की इच्छा ही जागृत नहीं होती कि वे किस प्रकार से अपने इस अनुपयोगी जीवन से छुटकारा पा सकते हैं।

अर्थशास्त्र उनके जीवन को सुखी बनाने में किस प्रकार सहायक हो सकता है इस बात की ओर संसार का ध्यान आकर्षित करने वाले प्रथम

अमर्त्य कुमार सेन

व्यक्ति अमर्त्य कुमार सेन हैं। उन्होंने अपनी पुस्तकों में इस दिशा में गम्भीर विवेचन किया और उपाय भी सुझाए हैं कि किस प्रकार निर्धन लोगों का जीवन सुखी बनाया जा सकता है।

अर्थशास्त्र केवल इसी क्षेत्र तक सीमित नहीं है उसके और भी अनेक पहलू हैं। इसका एक पक्ष यह है कि अनेक बार ऐसी समस्याएँ उत्पन्न हो जाती हैं कि देश में खाद्यान्नों की कमी न होने पर भी लोग अकाल का शिकार हो जाते हैं। इसका एक पहलू यह भी है कि जहाँ वस्तुओं की कीमतें बढ़ती हैं और जिस अनुपात से बढ़ती हैं, उसके अनुरूप श्रमिक अथवा निर्धन लोगों की क्रय शक्ति में विकास नहीं होता।

अर्थशास्त्र का नोबेल पुरस्कार प्राप्त करने वाले अब तक के किसी भी अर्थशास्त्री ने निर्धनता अथवा गरीबी की रेखा से नीचे रहने वाले लोगों को किस प्रकार उस स्थिति से मुक्त किया जाए और इसके क्या कारण हैं, आदि बातों पर कभी विचार ही नहीं किया था। शिक्षा के प्रसार पर प्रायः सभी सरकारें जोर देती हैं परन्तु सम्भवतः किसी अर्थशास्त्री ने इस पक्ष को अधिक स्पष्ट करने का प्रयत्न नहीं किया है कि अधिकांश अशिक्षित व्यक्ति अपनी निर्धनता को दूर करने के उपायों के सम्बन्ध में सोच भी नहीं सकते। वे इस बात को अपना भाग्य मान कर आयु भर कोल्हू के बैल की तरह दो जून की रोटी जुटाने में लगे रहते हैं। उनके मन में कभी इस बात की लालसा ही नहीं उत्पन्न होती कि वे अपने कार्य को अथवा अपनी कार्यक्षमता को किस प्रकार और अधिक चुस्त-दुरुस्त बना सकें। शिक्षा ही ऐसा माध्यम है जिसके कारण मनुष्य सोचने की शक्ति का विकास करता है और जिससे उसे आगे बढ़ने में सहायता मिलती है। वास्तव में अर्थशास्त्र का ध्येय अथवा उसका वास्तविक स्वरूप यह है कि उसके द्वारा मनुष्य का कितना कल्याण होता है। वस्तुतः अमर्त्य कुमार सेन ही ऐसे प्रथम व्यक्ति हैं जिन्होंने अर्थशास्त्र के कल्याणकारी पक्ष पर इतना अधिक ध्यान दिया है।

यह बात ठीक है कि अमर्त्य कुमार सेन अनेक वर्षों से इंगलैंड में अध्यापन का कार्य करते आ रहे हैं परन्तु उन्होंने आज तक भारतीय नागरिकता का त्याग नहीं किया, यहाँ तक कि उन्होंने प्रत्येक वर्ष भारत आना जारी रखा। इसके अतिरिक्त उनकी एक विशेषता यह है कि उन्होंने

नोबेल पुरस्कार से प्राप्त विशाल धनराशि का प्रयोग अपने लिए न करके एक ऐसे ट्रस्ट की स्थापना की है जिसके द्वारा निर्धन परन्तु योग्य छात्रों को उच्च शिक्षा दिलाने में सहायता दी जाएगी। यह भारतीय लोगों की उस त्यागवृत्ति का उदाहरण है जिसमें 'त्येन त्यक्तेन भुंजीथा मा गृध : कस्य स्विद्धनम्' अर्थात् त्याग भावना से धन का सदुपयोग करना चाहिए, किसी दूसरे के धन पर अपने अधिकार करने का प्रयत्न नहीं करना चाहिए।

अमर्त्य कुमार सेन द्वारा स्थापित इस ट्रस्ट का मुख्य स्थान शान्ति निकेतन ही है और यह धन भारत में ही व्यय किया जाएगा। रवीन्द्रनाथ ठाकुर ने भी नोबेल पुरस्कार प्राप्त करने के बाद उस धन का एक ट्रस्ट बना दिया था जिसके द्वारा वे निर्धन किसानों को नाम मात्र के ब्याज पर रुपया देकर उनकी सहायता की जाती थी।

जन्म और प्रारम्भिक जीवन

अमर्त्य कुमार सेन का जन्म 3 नवम्बर, 1933 को शान्ति निकेतन में हुआ था जिसकी स्थापना रवीन्द्रनाथ टैगोर ने की थी। इनका नामकरण भी रवीन्द्रबाबू ने ही किया था।

यहाँ संयोग की एक और बात का उल्लेख कर देना आवश्यक है। इनके माता-पिता का सम्बन्ध प्रारम्भ से ही शान्ति निकेतन से था। इसके अतिरिक्त माता-पिता दोनों के नाम बंगला भाषा के 'अ' अक्षर से प्रारम्भ होते हैं। इनके पिता का नाम आशुतोष सेन था और माता अमीता के नाम से पुकारी जाती थीं। आशुतोष शांति निकेतन में अध्यापन कार्य करते थे।

उनकी प्रारम्भिक शिक्षा शान्ति निकेतन में ही हुई। उसके बाद 1953 में कलकत्ता विश्वविद्यालय से स्नातक की उपाधि प्राप्त की। फिर वे इंगलैंड चले गए और कैम्ब्रिज के ट्रिनिटी कॉलेज से एम. ए. और पी-एच. डी. की उपाधियाँ प्राप्त कीं। कैम्ब्रिज से डॉक्टरेट की उपाधि प्राप्त करने के बाद फिर वे स्वदेश लौट आए। यहाँ आते ही उन्हें जादवपुर विश्वविद्यालय में अर्थशास्त्र विभाग का अध्यक्ष और प्रोफेसर नियुक्त कर दिया गया। उस समय उनकी आयु 23-24 वर्ष की थी इसलिए बंगाल असेम्बली तक में इस बात पर भारी हंगामा खड़ा किया गया कि उन्हें इस छोटी-सी आयु

में विभाग का अध्यक्ष बनाने के अतिरिक्त प्रोफेसर के पद पर सीधे क्यों नियुक्त किया गया है। परन्तु उनकी योग्यता को चुनौती नहीं दी जा सकती थी। 1957 से 1963 तक वे कैम्ब्रिज के ट्रिनिटी कॉलेज में फैलो रहे।

दिल्ली स्कूल ऑफ इकोनॉमिक्स में

1963 में वे दिल्ली स्कूल ऑफ इकोनॉमिक्स में कार्य करने लगे। उस समय प्रख्यात अर्थशास्त्री वी. के. आर. वी. राव, के. एन. राज आदि भी वहीं थे। 1971 तक वे इस संस्था से संबद्ध रहे।

1971 में वे लन्दन स्कूल ऑफ इकोनॉमिक्स में अर्थशास्त्र के प्राध्यापक रहे। उसके बाद से वे आज तक इंगलैंड और अमेरिका के विभिन्न विश्वविद्यालयों में कार्यरत रहे। जिस समय उन्हें नोबेल पुरस्कार प्राप्त हुआ उस समय वे ट्रिनिटी कॉलेज में मास्टर अर्थात् अध्यक्ष पद पर आसीन थे।

शिक्षा का अर्थ

इस विषय पर अमर्त्य कुमार सेन के विचारों से अवगत होने से पूर्व यह जान लेना आवश्यक है कि शिक्षा और निरक्षरता में क्या अन्तर है। शिक्षा का अर्थ केवल स्कूल, कॉलेज अथवा विश्वविद्यालय की डिग्रियाँ प्राप्त करना नहीं, शिक्षा का अर्थ यह है कि व्यक्ति जीवन के प्रत्येक क्षेत्र में उसका किस प्रकार उपयोग करता है। बहुत से शिक्षित व्यक्ति भी ऐसे होते हैं जिनमें अपनी योग्यता को और अधिक विकसित करके आगे बढ़ने की भावना का सर्वथा अभाव होता है। परन्तु ऐसे भी बहुत व्यक्ति हैं जिन्होंने किसी विश्वविद्यालय से किसी भी प्रकार की डिग्री हासिल नहीं की परन्तु उन्होंने जीवन के कार्य क्षेत्र से जो अनुभव प्राप्त किया है, अनेक बार वह विश्वविद्यालयों की बड़ी-बड़ी डिग्रियों से भी अधिक महत्त्व का सिद्ध होता है।

अर्थशास्त्र के सम्बन्ध में अब तक जितने भी विद्वानों को नोबेल पुरस्कार से सम्मानित किया गया है उनमें से सम्भवतः किसी ने अशिक्षा और निर्धनता के आपसी सम्बन्ध पर प्रकाश नहीं डाला। अर्थशास्त्र से सम्बन्धित नोबेल पुरस्कार प्राप्त करने वाले सभी व्यक्तियों का यही मत

रहा है कि अर्थशास्त्र प्रमुख रूप से इस बात का ज्ञान देता है कि व्यक्ति के पास जितना धन और सम्पदा है उसको किस प्रकार बढ़ाया जाए। कौन से ऐसे उपाय किए जाएँ जिनसे वह धन जल्दी से जल्दी दो गुना, तीन गुना और जितना अधिक हो सके, बढ़े। वे सदा इसी बात पर विचार करते रहे हैं कि मनुष्य अपनी उपलब्ध पूँजी को बढ़ाने के लिए क्या करें, क्या न करे ? इस विचारधारा के कारण शिक्षा और निर्धनता के सम्बन्ध में विचार करने का कभी प्रयास नहीं किया गया।

अमर्त्य कुमार सेन पहले ऐसे अर्थशास्त्री हैं जिन्होंने अर्थशास्त्र को मानव के कल्याणकारी पक्ष से सम्बद्ध करके देखा है। वे यह मानते हैं कि विश्व में व्याप्त निर्धनता का एक बड़ा कारण लोगों का अशिक्षित होना है। अशिक्षा के अनेक परिणामों में से एक परिणाम यह होता है कि अशिक्षित निर्धन लम्बे समय तक निर्धनता भोगते रहने और अपने आपको हीन समझने के कारण वह इस बात को अपना भाग्य ही मानने लगता है और यह समझ बैठता है कि उसके भाग्य में निर्धनता लिखी है, जिससे उसका छुटकारा नहीं हो सकता। ऐसी हालत में वह समाज की सभी असमानताएँ तथा कष्ट झेलता रहता है और कभी उस स्थिति से बाहर निकलने के प्रयत्न नहीं करता। उनमें किसी प्रकार की उन्नति करने अथवा अच्छा जीवन बिताने की इच्छा ही समाप्त हो जाती है।

अमर्त्य कुमार सेन शिक्षा को मनुष्य के व्यवसाय और उसकी उन्नति से जोड़ते हैं। अशिक्षित व्यक्ति यदि किसी व्यवसाय में लगा हुआ भी है तो भी उसके मन में अपने कार्य के प्रति किसी प्रकार के सुधार अथवा उन्नति की आशा की किरण प्रज्वलित नहीं होती। वह आयु भर जीवन की एक निर्धारित परिपाटी में ही घूमता रहता है।

शिक्षा के क्षेत्र में अनेक व्यक्तियों की सम्मति विभिन्न प्रकार की है। अधिकांश लोग उच्च शिक्षा की ओर ही अधिक ध्यान देते हैं जिसका उदाहरण यह है कि भारत ने भी उच्च शिक्षा के क्षेत्र में बहुत प्रगति की है परन्तु प्रारम्भिक शिक्षा क्षेत्र में आज भी देश बहुत पिछड़ा हुआ है। भारत में आज भी ऐसे अनेक ग्रामीण क्षेत्र हैं जहाँ बच्चों को प्रारम्भिक शिक्षा नियमित रूप से दिए जाने का कोई प्रबन्ध नहीं किया गया है। वास्तव में उच्च शिक्षा

की सफलता और मानव जीवन में निरन्तर प्रगति के लिए प्रारम्भिक शिक्षा बहुत आवश्यक है। इसके बिना कोई भी देश, राष्ट्र अथवा जाति उन्नति नहीं कर सकती।

शिक्षा के क्षेत्र में इस बात की ओर भी ध्यान दिया जाना चाहिए कि जिन लोगों को किन्हीं कारणों से प्रारम्भिक शिक्षा प्राप्त नहीं हो सकी अथवा जो उससे वंचित रह गए ऐसे प्रौढ़ लोगों की शिक्षा की ओर ध्यान दिया जाए।

सामाजिक असमानताएँ

अमर्त्य कुमार सेन यह बात स्वीकार करते हैं कि भारत में सामाजिक असमानताओं के कारण निर्धनता में वृद्धि हुई है। उन्होंने अपनी अनेक पुस्तकों में इस बात का उदाहरण दिया है कि भारत के अनेक प्रदेशों में स्त्रियाँ जीवन-भर परिश्रम करती रहती हैं। इसके बावजूद उनका जीवन असुविधाओं और असमानताओं से भरा रहता है। भोजन, स्वास्थ्य, शिक्षा यहाँ तक कि वस्त्रों आदि के सम्बन्ध में भी स्त्रियों को पुरुषों के समान नहीं माना जाता। एशिया के कुछ अन्य देशों में भी बहुत कुछ ऐसी ही परिस्थितियाँ हैं।

अमर्त्य कुमार सेन केवल सिद्धान्त-शास्त्री ही नहीं, वे उन पर चलने और उनका पालन करने के लिए भी प्रतिबद्ध रहते हैं। इसलिए उन्होंने नोबेल पुरस्कार के रूप में प्राप्त चार करोड़ के लगभग राशि का उपयोग शिक्षा के क्षेत्र में करने के लिए एक ट्रस्ट का निर्माण किया है।

सर्वथा नवीन विचारधारा

भारत में ब्रिटिश शासन काल में कई अकाल पड़ चुके हैं। बंगाल में पड़े 1943 के अकाल के समय अमर्त्य सेन की आयु 11 वर्ष के लगभग थी। उस समय की स्मृतियाँ वे आज तक भुला नहीं पाए। उन्होंने अकाल और निर्धनता के सम्बन्ध में एक पुस्तक भी लिखी जो बहुत प्रसिद्ध हुई। यों तो उन्होंने लगभग 23-24 पुस्तकें लिखी हैं और 215 के करीब शोध-प्रबन्ध भी लिखे हैं, उनकी विशिष्ट पुस्तकों में 'थ्योरी ऑफ सोशल

चॉयस', 'डेफीनेशन ऑफ वेल्फेयर एंड पावर्टी' और 'स्टडीज ऑफ फेमिन' आदि हैं। वस्तुतः इन्हीं पुस्तकों को आधार मानकर उन्हें नोबेल पुरस्कार से सम्मानित किया गया। इन पुस्तकों में विशेष रूप से भारत की गरीबी और अभाव जैसे महत्त्वपूर्ण विषयों पर प्रकाश डाला गया। उनका मानना है कि बंगाल का अकाल खाद्य उत्पादन में कमी के कारण नहीं पड़ा था। अपने अध्ययन में उन्होंने बताया कि जिस समय बंगाल में अकाल के कारण लोग भुखमरी के शिकार हो रहे थे उस समय सरकार ने अनाज का निर्यात भी किया था। अकाल का कारण अन्न की कमी न होकर उसके वितरण की व्यवस्था और जनता में क्रय-शक्ति का अभाव था। अन्न के उत्पादन में किसी भी समय अनेक कारणों से कमी हो सकती है परन्तु उसे अकाल का कारण नहीं माना जा सकता।

अकाल के सम्बन्ध में विश्लेषण करते हुए उनका कहना है कि इसके कुछ अन्य कारण भी हो सकते हैं, जिनका व्यापक प्रभाव पड़ता है। इनमें एक कारण बाढ़ें आना है। बाढ़ आने से जहाँ किसान की फसलों को हानि होती है, उसके कारण उसकी क्रय-शक्ति भी प्रभावित होती है। ऐसी स्थिति में प्रत्येक सरकार का कर्त्तव्य होता है कि खाद्यान्न के वितरण की व्यवस्था को ठीक रखे जिससे प्रभावित किसान अथवा निर्धन लोग भुखमरी के कगार तक न पहुँच पाएँ।

अर्थशास्त्र में डॉक्टरेट करते समय और अध्यापन काल में अमर्त्य सेन का सम्बन्ध वहाँ के वामपंथी अर्थशास्त्रियों से भी रहा। इसके साथ ही भारत की निर्धनता और अकालों का चित्र उनके मानस पटल से कभी ओझल नहीं हुआ। परन्तु निर्धन लोगों के कल्याण की बात करने वालों को वामपंथी नहीं कहा जा सकता।

इसके अतिरिक्त उनका यह मानना भी है कि तानाशाही और लोकतन्त्र में इस तरह की समस्याओं से निपटने की विधियों में काफी अन्तर होता है। प्रायः सभी अर्थशास्त्री यह जानते हैं कि ब्रिटिश शासन से भारतीयों की मुक्ति के बाद भारत में कभी अकाल नहीं पड़े जबकि स्वतन्त्रता-प्राप्ति के प्रारम्भिक दिनों में खाद्यान्न की काफी कमी थी। इसके विपरीत चीन जैसे देश में जहाँ एक पार्टी का तानाशाही शासन है, कई अकाल पड़ चुके हैं।

इतना ही नहीं, वहाँ माओ शासन द्वारा देश की प्रगति से सम्बन्धित लम्बी छलाँग का जो प्रयत्न किया गया उससे वहाँ की लगभग 3 करोड़ जनता साधनों की कमी और अभावों के कारण ही प्रभावित ही नही हुई वरन् मौत का शिकार भी हुई। अमर्त्य सेन लोकतन्त्र के जबरदस्त समर्थक हैं।

सरकारी तन्त्र की असफलता

ब्रिटिश शासन के समय 1943 में जो अकाल पड़ा उसके लिए वे जहाँ अन्य कारणों का विश्लेषण करते हैं, उसके साथ एक कारण वे सरकारी तन्त्र की विफलता भी बताते हैं। बंगाल के अकाल का उल्लेख करते हुए वे कहते हैं कि वहाँ बाढ़ के कारण खाद्यान्नों की कीमतें काफी बढ़ गई थीं जिनके कारण खेती और मजदूरी के अवसर कम हो गए थे और इससे उनकी क्रय-शक्ति भी प्रभावित हुई थी। उन्होंने इस बात का उल्लेख भी किया है कि चीन ने भारत से अधिक आर्थिक उन्नति की है, इसके बावजूद वहाँ अकाल पड़े हैं और लोग अकाल में भुखमरी से मौत का शिकार हुए हैं। उनकी दृष्टि से इसका कारण तानाशाही और लोकतन्त्र में अन्तर का होना है। लोकतन्त्र की विशेषता यह है कि वहाँ प्रचार माध्यमों को सरकार की आलोचना करने की पूर्ण स्वतन्त्रता होती है।

अमर्त्य सेन की रचनाएँ

प्रो. अमर्त्य कुमार सेन ने अपने अर्थशास्त्र के कल्याणकारी स्वरूप पर अनेक पुस्तकें लिखी हैं। उनके अध्ययनों का ज्यादा हिस्सा अभाव और खासतौर पर भारत जैसी तीसरी दुनिया के देशों की गरीबी और अभाव जैसे मुद्दों पर है। इसलिए वेलफेयर इकोनॉमिक्स में उनका नाम केनेथ एरो और जॉन राल्स की श्रेणी में रखा जाता है। प्रो. सेन ने 1950 में कैम्ब्रिज के जोआन रॉबिनसन के निरीक्षण में पी-एच. डी. किया लेकिन वे मॉरिस डाव, जो वामपंथी थे, से काफी प्रभावित रहे और उन्हें अपना गुरु मानते थे। बाद में उनके सहकर्मी भी बने। इस कारण कल्याणकारी अर्थशास्त्र का अध्ययन करने में उन्हें काफी मदद मिली। हालाँकि प्रो. सेन कठोर सैद्धान्तिक मतवाद का पक्ष लेने से कतराते रहे लेकिन फिर भी वे वामपंथी

करार दिए गए। दुर्भिक्षों का अध्ययन करते हुए जब वे इस निष्कर्ष पर पहुँचे कि कम्युनिस्ट पार्टी के तानाशाही रवैये से ही माओ द्वारा प्रेरित 'लम्बी छलाँग' में लगभग तीन करोड़ लोग साधनहीनता और अभाव के कारण मारे गए, जबकि भारत में लोकतन्त्र के कारण 1945 के बाद अकाल नहीं पड़ा, तो भारत के वामपंथी अर्थशास्त्रियों ने उनकी खुलकर आलोचना की।

सेन का भारत प्रेम

इंगलैंड में इतने दिन अध्यापन करने और उसी कॉलेज की एक महिला से तीसरी शादी करने के बाद भी अमर्त्य कुमार सेन में अपने बचपन अथवा यौवन काल जैसी सजगता अभी कायम है। वे लगभग प्रत्येक वर्ष भारत अवश्य आते हैं। वे अपनी माता को आज भी उसी प्रकार का सम्मान देते हैं जिस प्रकार किसी भारतीय को देना चाहिए। इसके अतिरिक्त उनमें अपने पुराने साथियों से मिलने और अपनी भारतीय स्मृतियों को जीवित रखने की परम्परा बनी हुई है। वे आज जब भी भारत आकर शान्ति निकेतन के अपने घर में जाते हैं तो वर्षों पुरानी अपनी साइकिल को उठा कर अपने सभी पुराने दोस्तों के घर चक्कर लगाते हैं। इतना ही नहीं वे चाय की दुकान पर भी जाना नहीं भूलते जहाँ उन्होंने अपने प्रारम्भिक जीवन में अनेक बार अपने मित्रों के साथ गप-शप लड़ाते हुए चाय का आनन्द लिया था। नोबेल पुरस्कार प्राप्त करने के बाद निश्चित रूप से वे विश्व के महानतम् व्यक्तियों में सम्मिलित हो गए हैं परन्तु आज भी उन्होंने अपनी भारतीयता को नहीं छोड़ा। इसके अतिरिक्त भारत का सर्वोच्च सम्मान, भारत-रत्न, प्राप्त करने के बाद भी उनकी यह विशेषता है कि उन्होंने अपने आपको भारत के सामान्य व्यक्ति से जोड़े रखा है।

आज भी उनमें हँसी-मजाक का भाव उसी प्रकार जीवित है जैसा शिक्षा ग्रहण करते समय अपने साथियों से करते थे। जब उन्हें नोबेल पुरस्कार दिया जाने का निर्णय किया जा रहा था तो वे न्यूयॉर्क के एक होटल में ठहरे हुए थे। जब उन्हें इस बात की सूचना दी गई कि स्टॉकहोम से उनका टेलीफोन आया है तो उन्हें अनुभव हुआ कि सम्भवतः कोई शुभ सूचना मिलने वाली है।

वास्तव में बात यह थी कि नोबेल पुरस्कार के लिए दो-तीन वर्ष से उनका नाम लिया जा रहा था। जब उन्हें सूचना मिली तो उन्होंने सबसे पहले अपनी माता को शान्ति निकेतन में फोन किया। माँ ने सन्देह प्रकट करते हुए मजाक में पूछा कि कहीं तुम मुझे बहका तो नहीं रहे, परन्तु जब एकाध दिन में उनके नाम की घोषणा कर दी गई तब जाकर उन्हें पूर्ण विश्वास और सन्तोष हुआ।

मनुष्य जब ख्याति की चरम सीमा पर पहुँचता है तो उसके विरोधी भी उत्पन्न हो जाते हैं। संसार के अनेक महत्त्वपूर्ण व्यक्तियों के साथ ऐसा हुआ है। अमर्त्य कुमार सेन को नोबेल पुरस्कार दिया गया तो यूरोप तथा अमरीका के अनेक अर्थशास्त्रियों ने यह कहकर उनकी आलोचना की कि उनके कल्याणकारी अर्थशास्त्र से कोई लाभ नहीं होने वाला है। परन्तु अमर्त्य सेन का कहना है कि आर्थिक असमानताएँ अथवा विभिन्न प्रकार की विषमताएँ समृद्ध और विकसित देशों में भी हैं। उन्होंने इस बात के उदाहरण देते हुए इस बात की माँग की है कि विकसित देशों को भी अपने यहाँ विद्यमान असमानताओं को दूर करना चाहिए। जब तक इन समस्याओं का पूरी तरह निराकरण नहीं हो जाता तब तक उन्हें केवल इस आधार पर विकसित देश नहीं माना जा सकता कि उनकी प्रतिव्यक्ति आय अन्य देशों की अपेक्षा अधिक है।

जो हो, उनके विचारों ने तेजी से दुनिया में फैलना शुरू कर दिया है। संयुक्त राष्ट्र संघ की संस्थाएँ तो पहले से ही उनके विचारों के अनुसार कार्य करने लगी थीं, अब विविध देश भी उनके अनुसार योजनाएँ बनाने में तत्परता से जुट गए हैं।

पुरस्कार और सम्मान

नोबेल पुरस्कार : 1998
भारत का सर्वोच्च नागरिक सम्मान
'भारत रत्न' : 1998

वी.एस. नायपाल

(1932-)

नोबेल पुरस्कार वर्ष–2001

सन् 2001 में साहित्य के नोबेल पुरस्कार-विजेता वी.एस. नायपाल भारतीय मूल के लेखक हैं "जिनके पुरखे आज से डेढ़ सौ वर्ष पहले कैरिबियन द्वीपसमूह के त्रिनिदाद नामक द्वीप में मज़दूर बनकर गए थे। उनके पिता शासन में अधिकारी थे और लेखक बनना चाहते थे। उन्होंने कुछ पुस्तकें लिखी भी थीं परन्तु वे ख्याति न प्राप्त कर सके। परन्तु उनके दोनों पुत्रों–विद्याधर और शिवा–ने विश्वविख्यात लेखक बनकर दिखा दिया और एक ने तो संसार का सर्वोच्च सम्मान नोबेल पुरस्कार भी प्राप्त करने में सफलता प्राप्त की। दरअसल अनेक वर्षों से इस महत्त्वपूर्ण पुरस्कार के लिए उनके नाम की चर्चा चल रही थी और दुनिया के अन्य अनेक पुरस्कार उन्हें प्राप्त हो चुके थे। 1971 में पहले वर्ष ही आज का प्रसिद्ध 'बुकर पुरस्कार' उन्हें प्राप्त हो गया था। (छोटे भाई शिवा का कई वर्ष पूर्व देहान्त हो चुका है।)

विद्याधर नायपाल की आरम्भिक शिक्षा त्रिनिदाद में ही हुई परन्तु उच्च शिक्षा के लिए वे आक्सफोर्ड आ गए और बाद में लन्दन में ही बस गए। पिता की तरह उन्होंने भी लेखक ही बनने का निश्चय किया और आजीवन कभी नौकरी नहीं की। उनके आरम्भिक उपन्यासों के विषय प्रवासी भारतीयों की विदेशों में ज़िन्दगी और समाज में स्थान प्राप्त करने की जद्दोजहद से सम्बन्धित हैं। इसी के साथ व्यक्तिगत धरातल पर उनके अपने अनुभव भी इसमें जुड़ जाते हैं। इस तरह का उपन्यास 'ए हाउस फॉर मि. बिस्वास'

1961 में प्रकाशित हुआ और बहुत जल्द प्रसिद्ध हो गया।

यद्यपि इससे पूर्व भी उनके तीन उपन्यास, 'दि मिस्टिक मैस्यूर', 'दि सफरेज आव एलविरा' और 'मिग्वेल स्ट्रीट' प्रकाशित हो चुके थे, परन्तु इस उपन्यास ने उन्हें लेखकों की अग्रिम पंक्ति में ला बिठाया।

मूल से भारतीय और जन्म से त्रिनिदादी होने के कारण इंग्लैण्ड के शुद्ध अंग्रेजी वातावरण में उन्हें अपने व्यक्तित्त्व का तालमेल बिठा पाना सम्भव नहीं हुआ और इस संघर्ष को उन्होंने न केवल अपनी रचनाओं में चित्रित करना आरम्भ किया बल्कि उनका ध्यान इस प्रकार के उन अन्य लोगों की ओर भी जाने लगा जो अपनी संस्कृतियों से पूरी तरह नहीं जुड़े हैं और अँधेरों में रोशनी तलाश करते हुए अधूरी जिन्दगियाँ बिता रहे हैं। ऐसे लोग जो अपनी संस्कृतियों से टूट गए हैं या नये धर्मों से जबरदस्ती जोड़ लिए गए हैं—जैसे मिस्र, ईरान, इंडोनेशिया, मलेशिया, भारत आदि के मुसलमान—इन सबको भी उन्होंने अपने लेखन में शामिल किया है और ऐतिहासिक विश्लेषण प्रस्तुत किए हैं। इस्लाम के विरुद्ध उनकी ज़बदरस्त शिकायत यही है कि उसने बलात् धर्म-परिवर्तन करके अनेक देशों के लोगों को उनकी संस्कृतियों से विमुख कर दिया। इस विषय पर उनकी दो यात्रा पुस्तकों—'एमंग द बिलीवर्स : एन इस्लामिक जर्नी' और 'बियांड बिलीफ़ इस्लामिक एक्सकर्ज़न्स एमंग द कन्वर्टेड पीपुल्स' बहुत चर्चित हुईं। उनका कहना है कि इस्लामिक और अरबी साम्राज्यवाद से बढ़कर और कोई साम्राज्यवाद दुनिया में नहीं हुआ। एक समीक्षक के अनुसार ये ही दोनों पुस्तकें न्यूयार्क ट्रेड टावरों पर बिन लादेन के हमलों के तुरंत बाद उनको नोबेल पुरस्कार दिलाने का कारण बनी हैं।

भारत पर मुस्लिम प्रभाव के सम्बन्ध में उनका मानना है कि इस्लामी आक्रमण हिन्दू समाज के लिए बहुत हानिकर सिद्ध हुआ। उसने हिन्दू के मन में स्थायी रूप से असुरक्षा की भावना भर दी। फिर अंग्रेजी राज्य और प्रभाव के तले इसमें नवजागरण का भाव उत्पन्न हुआ। हिन्दुओं में परिवर्तन आया पर मुसलमान अपनी जगह खड़े रहे। आज़ादी के बाद दोनों की दूरी और बढ़ी। आज भारत जहाँ तेज़ी से प्रगति कर रहा है, पाकिस्तान मज़हबी दुहाई देकर अपने ही भीतर और भी सिकुड़ता जा रहा है। बाबरी मस्जिद

विद्याधर सूरजप्रसाद नायपाल

के ध्वंस से पहले उन्होंने कहा था—‘मुझे नहीं लगता कि हिन्दू इस्लामा ध्वस से अभी तक उबर पाए हैं। उसमें क्या हुआ, इसे वे ठीक से समझ भी नहीं पाए हैं। अयोध्या आन्दोलन उसे समझने की ही एक कोशिश है। यह गलत हो सकता है पर है यह ऐतिहासिक प्रक्रिया का ही एक अंग।’ ध्वंस के बाद भी उन्होंने इसकी निन्दा नहीं की और अपनी बात दोहराई। उन्होंने कहा कि यह इस्लामी ज़िद और जड़ता के विरुद्ध एक प्रतिक्रिया है।

नायपाल का मानना है कि इस्लाम आज भी पैग़म्बर मुहम्मद के बनाए नियमों का जो अगणित हैं, बन्दी है। इसमें तानाशाही भरी हुई है और विकास का कोई अवसर नहीं है। वह इतिहास को अपने मज़हबी विश्वासों की पुष्टि के अलावा और किसी रूप में देखने को तैयार नहीं है। यही उनके पिछड़ जाने का भी कारण है।

लन्दन में बस जाने के बाद नायपाल ने अनेक देशों की यात्राएँ आरम्भ कर दीं जो उन संस्कृतियों के अध्ययन में विशेष सहायक सिद्ध हुईं। भारत के सम्बन्ध में भी उन्होंने तीन पुस्तकें लिखीं : ‘एन एरिया आव डार्कनेस’, ‘इण्डिया : ए वून्डेड सिविलाइज़ेशन’ और ‘इण्डिया : ए मिलियन म्युटिनीज़ नाउ’। इनमें से पहली तथा दूसरी किताबों में उन्होंने भारतीय संस्कृति और जीवन की तीव्र आलोचना की, परन्तु तीसरी में उन्होंने यह भाव प्रस्तुत किया कि अनेक संघर्षों—विशेषकर मुस्लिम आक्रमणों— के कारण उसे अनेक कठिनाइयाँ झेलनी पड़ीं परन्तु उसकी आत्मा जीवित है और अब वह स्वयं को पुनर्जागृत करने का प्रयत्न कर रही है।

नायपाल के लेखन के बारे में खुशवन्त सिंह का कहना है : ‘कई चीज़ों पर लोग खुलकर लिखने से कतराते हैं लेकिन नायपाल ने लिखा। मसलन ‘बियांड बिलीफ़’ में उन्होंने मुस्लिम राष्ट्रों के बारे में लिखा कि जो लोग मुस्लिम बने उन पर इस्लाम का यह असर हुआ कि वे अपने पूर्ववर्ती इतिहास को या तो भूल गए या उसे नजरअन्दाज़ कर बैठे। मिस्र की फराओ संस्कृति से जुड़े स्फिंक्स और पिरामिड अब सिर्फ पर्यटकों को लुभाने के लिए रह गए हैं, उनसे वहाँ के लोगों का भावनात्मक लगाव नहीं रहा। उसी तरह पाकिस्तान का पूर्ववर्ती इतिहास हिन्दू और बौद्ध धर्मों से जुड़ा है, जो केवल इतिहास की पुस्तकों में होगा तो होगा, लोगों के दिलों में नहीं रहा।

अफ़गानिस्तान में बुद्ध की मूर्तियाँ तोड़ दी गईं जबकि यह उन्हीं का पुराना इतिहास थीं। यही बात मलेशिया, इण्डोनेशिया के बारे में कही जा सकती है। उन्होंने अपनी कृतियों में कहा कि इस्लाम का प्रभाव कई जगह नकारात्मक रहा।'

उनका पहला उपन्यास 'दि मिस्टिक मैस्यूर' 1957 में प्रकाशित हुआ था और तीसरे उपन्यास 'ए हाउस फॉर मि. बिस्वास' के 1960 में प्रकाशन से वे एकदम सामने आ गए और कहा जाने लगा कि उनका लिखा मौलिक होने के साथ-साथ उद्देश्यपूर्ण भी होता है और उनसे भविष्य में आशाएँ की जा सकती हैं। प्रथम बुकर पुरस्कार प्राप्त होने से भी उनकी प्रतिष्ठा में वृद्धि हुई। पाल थिरो नामक युवा लेखक उनके ज़बरदस्त प्रशंसक बन गए और नायपाल पर एक स्वतन्त्र पुस्तक लिखकर उन्होंने घोषित किया कि तत्कालीन लेखकों में वे सर्वोपरि हैं। अब ये ही उनके जबरदस्त विरोधी बन गए हैं और अब पुनः उन्होंने नायपाल पर एक और किताब उनके विरोध में लिखी है। ख़ैर।

लन्दन में बस जाने के बाद नायपाल का यौवन बहुत कठिनाइयों में बीता। यद्यपि यहाँ वे बी.बी.सी की कैरिबियन सर्विस में काम करने लगे और 'न्यू स्टेट्समेन' नामक पत्र से भी जुड़ गए, परन्तु हमेशा अपने को सबसे अलग तथा बेसहारा महसूस करते रहे। वे कहते हैं कि ये मेरे जीवन के बहुत बुरे दिन थे और इन्हें मैं याद भी नहीं करना चाहता। उन्हें पैसों की भी तकलीफ़ रहती थी। उन्होंने एक अंग्रेज लड़की से विवाह भी किया पर साथ नहीं रह सके और अलग हो गए। इस समय उनके शत्रुओं की संख्या भी बहुत थी पर चाहने वाले भी बढ़ने लगे जो उनके लेखन को बेतहाशा पसन्द करते थे। रचना गुण के कारंण उन्हें बहुत शीघ्र साहित्यिक पुरस्कार भी प्राप्त होने लगे।

मनुष्य की समस्याओं में नायपाल की रुचि अब भी कायम है, यह इसी से स्पष्ट है कि इन दिनों वे आन्ध्र और बिहार के नक्सलवादी क्षेत्रों का भ्रमण कर रहे हैं और इसपर भी और पुस्तक लिखना चाहते हैं। उनका यह भी मानना है कि उपन्यास की विधा अब चुक गई है। शायद इसीलिए वे यात्रा के साथ जीवन और इतिहास को जोड़कर अपने विशिष्ट विश्लेषणपूर्वक

नये सत्यों की खोज करते हैं।

नायपाल ने दो दर्जन के लगभग पुस्तकें लिखी हैं जिनमें से कुछ इस प्रकार हैं : 'द मिडिल पैसेज', 'मिस्टर स्टोन एण्ड दि नाइट्स कम्पेनियन', 'द मिमिक मेन', 'द लॉस आव एल डोरेडो', 'गुरिल्लाज़', 'ए बेण्ड इन दि रिवर', 'द रिटर्न आव इवा पेरोन', 'ए कांगो डायरी', 'फाइंडिंग द सेन्टर', 'द एनिग्मा आव एराइवल', 'ए वे इन दि वर्ल्ड', इत्यादि। उनका अन्तिम उपन्यास 'हाफ़ ए लाइफ' नोबेल पुरस्कार मिलने से एक सप्ताह पूर्व ही प्रकाशित हुआ। इसमें भी एक टूटे हुए परिवार से बिछुड़े युवक की कहानी है जो अत्यन्त रोचक बन पड़ी है। विली चंद्रन हिन्दू भारत, युद्धोत्तर लन्दन और औपनिवेशिक अफ्रीका के पिछले पचास सालों के परिवर्तन का रोचक चित्रण है।

नायपाल नोबेल पुरस्कार प्राप्त करनेवाले सातवें भारतीय हैं और साहित्य के लिए 1913 में रवीन्द्रनाथ ठाकुर के बाद दूसरे व्यक्ति हैं। उन्हें इसके अतिरिक्त बुकर पुरस्कार, सामरसेट मॉम पुरस्कार, डब्ल्यू.एच. स्मिथ पुरस्कार तथा डेविड कोहेन ब्रिटिश लिटरेचर पुरस्कार भी प्राप्त हो चुके हैं। उन्हें कुछ वर्ष पूर्व ब्रिटिश सरकार की विशिष्ट उपाधि 'सर' से भी सम्मानित किया गया था।

नायपाल का स्वभाव तीखा और चिड़चिड़ा है। वे बहुत स्पष्टवक्ता हैं और इण्टरव्यू इत्यादि देना क़तई पसन्द नहीं करते। दो वर्ष पूर्व एक पाकिस्तानी मुस्लिम महिला नादिरा उनकी ओर आकृष्ट हुई और अब उनकी पत्नी बनकर उनके साथ रह रही हैं। कहते हैं, वे नायपाल का स्वभाव बदलने में कुछ सीमा तक सफल हुई हैं।

वेंकटरमन रामाकृष्णन

(जन्म 1952)

नोबेल पुरस्कार वर्ष 2009

वेंकटरमन रामाकृष्णन का जन्म तमिलनाडु के कड्डलोरा ज़िला के चिदंबरम में हुआ था। जब वह तीन वर्ष के थे तो अपने परिवार के साथ बड़ौदा चले गए। बड़ौदा में ही उन्होंने अपनी शिक्षा का आरंभ किया। महाराजा सयाजीराव विश्वविद्यालय, बड़ौदा से अपनी प्री-युनिवर्सिटी का कोर्स उत्तीर्ण करने के पश्चात इसी विश्वविद्यालय से उन्होंने भौतिक-शास्त्र विषय से स्नातक की डिग्री प्राप्त की। इस कोर्स के लिए उनका चयन राष्ट्रीय विज्ञान खोज छात्रवृत्ति के अंतर्गत हुआ। उन्होंने 1976 में भौतिकशास्त्र में पी.एच.डी. की डिग्री अमरीका स्थित ओहियो विश्वविद्यालय से प्राप्त की। और इसके पश्चात कैलिफोर्निया विश्वविद्यालय में स्नातक छात्र के रूप में कार्य करने लगे। ब्रुकहेवन विश्वविद्यालय में वैज्ञानिक के तौर पर कार्य करते हुए उन्होंने राइबोसोम पर कार्य करना आरंभ किया। यह 1983-1995 का समय था। 1995 में वह बॉयो केमिस्ट्री के प्रोफेसर रूप में उताह विश्वविद्यालय चले गए और इसके बाद 1999 में इंग्लैंड स्थित मेडिकल रिसर्च काउंसिल लैबोरेट्री ऑफ मालिक्यूलर बॉयलोजी, कैम्ब्रिज में कार्य करने लगे, जहाँ वह अभी तक कार्य कर रहे हैं।

1999 में रामाकृष्णन की लेबोरेट्री ने 5.5 अंग्स्ट्रोम रिज़ोल्यूशन संरचना के 30-एस उप-इकाई पर शोधपत्र प्रकाशित किया। 2000 में उनकी लैब

ने राइबोसोम के 30-एस उप-इकाई की संरचना की पूर्ण आणविक रचना पर शोधपत्र प्रकाशित किया। उन्होंने राइबोसोम की पूरी आणविक संरचना की टी-आर एन ए और डी आर एन ए के साथ खोज की है जिसके लिए उन्हें रसायनशास्त्र के नोबेल पुरस्कार से सम्मानित किया गया है।

वेंकटरमन को यह सफलता उनके कठिन परिश्रम और लगन के कारण प्राप्त हुई है। उनकी इस सफलता में उनकी पत्नी का सहयोग भी सराहनीय है। उनके पिता के अनुसार वेंकटरमन ने भौतिकशास्त्र में डॉक्टरेट की डिग्री प्राप्त की थी, परंतु वह बायलोजिकल विज्ञान में दक्षता प्राप्त करना चाहते थे। यह 1975-76 की बात है। उनका विवाह हो चुका था और उस समय वे दो संतानों के पिता थे। परंतु वह बॉयलोजिकल विज्ञान के क्षेत्र में अच्छी पृष्ठभूमि से प्रवेश करना चाहते थे, एक विश्वविद्यालय ने उन्हें बॉयलोजिकल विज्ञान में डॉक्टरेट करने के लिए प्रवेश दे दिया। इसके लिए उन्हें 3000 डॉलर प्रतिवर्ष की स्कॉलरशिप मिली जोकि बहुत कम थी। मगर वेंकट की पत्नी ने उनका साहस बढ़ाया और आगे बढ़ने के लिए प्रेरित किया। और वेंकट ने दो वर्ष के कोर्स को पूरा करने के लिए ठान लिया। जबकि उनकी पत्नी ने बाज़ार से सब्ज़ी आदि खरीदना बंद करके खाने के लिए घर में उगाना शुरू कर दीं। जब वेंकट ने अपनी डॉक्टरेट पूरी कर ली तो येल विश्वविद्यालय ने उन्हें राइबोसोम पर शोध करने के लिए 30,000-40,000 डॉलर की स्कॉलरशिप देना शुरू किया। इसके पश्चात् वह उताह विश्वविद्यालय में बॉयो केमिस्ट्री के प्रोफेसर हो गए। इस तरह जिसने अपना कैरियर भौतिकशास्त्र से आरंभ किया था उसने बॉयो-केमिस्ट्री पढ़ाना आरंभ कर दिया। बाद में उन्होंने राइबोसोम पर कार्य करना शुरू किया, और इसमें कई वर्ष का समय लगा। कैरियर के इस मोड़ पर एम.आर. सी. लेबोरेटरी ऑफ मोलिक्युलर बॉयलोजी, कैंब्रिज, जोकि छोटा मगर महत्त्वपूर्ण संस्थान है ने उनको ऑफर दिया जिसे उन्होंने स्वीकृत कर लिया। यहाँ पर केवल 20-25 वैज्ञानिक ही विभिन्न रिसर्च प्रोजेक्ट पर कार्य करते हैं, मगर अभी तक इस संस्थान से संबद्ध 15 वैज्ञानिक नोबेल पुरस्कार जीत चुके हैं,

वेंकटरमण रामाकृष्णन

जिसमें फ्रेडरिक सेंगर भी हैं। उन्होंने दो बार नोबेल पुरस्कार जीता है।

यह इस संस्थान के वातावरण का ही परिणाम था जिसके कारण केवल 9 वर्ष में वेंकट इतनी महत्त्वपूर्ण खोज कर सके, जबकि और किसी संस्थान में यही कार्य करने में 30 वर्ष का समय लगता। इसी लेबोरेटरी में कार्य करते हुए वेंकटरमण को 2009 के रसायनशास्त्र नोबेल पुरस्कार से सम्मानित किया गया। नोबेल पुरस्कार के अतिरिक्त 2007 में उन्हें लुई-जिएनटेट प्राइज़ फॉर मेडिसन, 2008 में हैल्थी मेडल ऑफ द ब्रिटिश बॉयोकैमिकल सोसायटी और 2009 में रॉल्फ-सम्मेट प्रोफेसरशिप फ्रैंकफर्ट विश्वविद्यालय द्वारा, भी सम्मानित किया जा चुका है।

कैलाश सत्यार्थी

(जन्म 1954)

नोबेल पुरस्कार वर्ष 2014

कैलाश सत्यार्थी का जन्म 11 जनवरी 1954 को मध्यप्रदेश के विदिशा में हुआ था। कैलाश सत्यार्थी बचपन से ही दूसरों के प्रति बेहद सहयोगी रहे हैं।

'बचपन बचाओ आन्दोलन' भारत में एक क्रांतिकारी आन्दोलन है जो बच्चों के हित और अधिकारों के लिए कार्य करता है। वर्ष 1980 में 'बचपन बचाओ आन्दोलन' की शुरुआत कैलाश सत्यार्थी ने की थी जो अब तक 80 हजार से अधिक मासूमों के जीवन को तबाह होने से बचा चुके हैं। बाल मजदूरी कुप्रथा भारत में सैंकड़ों सालों से चली आ रही है। कैलाश सत्यार्थी ने इन बच्चों को इस अभिशाप से मुक्ति दिलाना ही अपनी जिन्दगी का मकसद बना लिया।

बाल मित्र ग्राम वह मंडल गाँव है जो बाल शोषण से पूरी तरह मुक्त है और यहाँ बाल अधिकार को तरजीह दी जाती है। 2001 में इस मंडल को अपनाने के बाद देश के 11 राज्यों के 356 गाँव अब तक Child Friendly Village घोषित किये जा चुके हैं। हालाँकि कैलाश सत्यार्थी का अधिकांश कार्य राजस्थान, बिहार और झारखंड के गाँवों में होता है। इन गाँवों में बच्चे स्कूल जाते हैं। बाल पंचायत युवा मंडल और महिला मंडल शामिल होते हैं और समय-समय पर ग्राम पंचायत से बाल समस्याओं के संबंध में बातें करते हैं।

'बचपन बचाओ आन्दोलन' में बाल मित्र में 14 साल के सभी बच्चों को मुफ्त, व्यापक और स्तरीय शिक्षा के साथ ही लड़कियाँ स्कूल न छोड़ें इसलिए स्कूलों में आधारभूत सुविधाएँ मौजूद हों यह सुनिश्चित किया जाता है। कैलाश सत्यार्थी के अनुसार बाल मजदूरी महज एक बीमारी नहीं है बल्कि बीमारियों की जड़ है इसके कारण जिन्दगियाँ तबाह हो जाती है। सत्यार्थी जब रास्ते में आते-जाते बच्चों को काम करता देखते तो उन्हें बेचैनी होने लगती थी। तब उन्होंने नौकरी छोड़ दी और 1980 में 'बचपन बचाओ आन्दोलन' की नींव रखकर बच्चों का भविष्य संवारने के लिए अपना सर्वस्व समर्पित कर दिया।

'बचपन बचाओ आन्दोलन' आज भारत के 15 प्रदेशों के 200 से अधिक जिलों में सक्रिय है। इसमें लगभग 70 हजार स्वयंसेवक हैं जो लगातार मासूमों के जीवन में खुशियाँ भरने के लिए कार्यरत हैं। यह दुनिया के 100 से अधिक देशों में फैल चुका है। एक आकलन के मुताबिक साल 2013 में मानव तस्करी के 1199 मुकदमे दर्ज हुए थे जिनमें से 10 प्रतिशत मामले 'बचपन बचाओ आन्दोलन' के प्रयासों से दर्ज किये गये थे।

कैलाश सत्यार्थी ने न केवल बच्चों को मुक्त कराया बल्कि बाल मजदूरी को खत्म करने के लिए मजबूत कानून बनाने की जोरदार माँग की। 1983 में 103 देशों से गुजरने वाली बाल श्रम विरोधी विश्व यात्रा का आयोजन और नेतृत्व भी कैलाश जी ने किया। 'बचपन बचाओ आन्दोलन' सामान्य तरीके से भी बच्चों को मुक्त कराते हैं और छापेमारी द्वारा भी। यह संस्था बच्चों को कानूनी प्रक्रिया द्वारा छुड़ाती है और उन्हें पुनर्वास के अलावा दोषियों को सजा भी दिलाती है। जिन बच्चों के माता-पिता नहीं होते उन्हें इस संस्था द्वारा चलाए जाने वाले आश्रम में भेज दिया जाता है।

कैलाश सत्यार्थी 'बचपन बचाओ' के साथ ही भोपाल गैस त्रासदी

कैलाश सत्यार्थी

के पीड़ितों के लिए भी आन्दोलन करते रहे हैं। वे बच्चों के लिए काम करने वाली अंतर्राष्ट्रीय संस्था International Center of Child Labour and Education से भी जुड़े हुए हैं। कैलाश सत्यार्थी इस आन्दोलन को वैश्विक स्तर पर ले जाने के लिए जाने जाते हैं। इसी कारण उन्हें विश्व के सबसे बड़े पुरस्कार नोबेल पुरस्कार से सम्मानित किया गया।

□□□

हमारे अन्य श्रेष्ठ प्रकाशन

चर्चित पुस्तकें

आवारा मसीहा, विष्णु प्रभाकर, **अदम्य साहस** डॉ. अब्दुल कलाम, **प्रेरणात्मक विचार** डॉ. अब्दुल कलाम, **मेरी आपबीती** बेनज़ीर भुट्टो, **मेरे सपनों का भारत** महात्मा गांधी, **सत्य के प्रयोग** महात्मा गांधी, **परिवर्तन और राजनीति** एन.के. सिंह, **भारतीय अर्थतंत्र, इतिहास और संस्कृति** अमर्त्य सेन, **आर्थिक विकास और स्वातन्त्र्य** अमर्त्य सेन, **आर्थिक विषमताएं** अमर्त्य सेन, **गरीबी और अकाल** अमर्त्य सेन, **भारत विकास की दिशाएं** अमर्त्य सेन, **भारतीय राज्यों का विकास** अमर्त्य सेन, **हिंसा और अस्मिता का संकट** अमर्त्य सेन, **भारतीय दर्शन** डॉ. राधाकृष्णन्, **जिन्ना : भारत-विभाजन के आइने में** जसवंत सिंह

शब्दकोश : कोश : शिक्षा

राजपाल बृहत् हिन्दी-अंग्रेजी शब्दकोश डॉ. हरदेव बाहरी, **राजपाल बृहत् अंग्रेजी-हिन्दी शब्दकोश** डॉ. हरदेव बाहरी, **राजपाल हिन्दी शब्दकोश** डॉ. हरदेव बाहरी, **शिक्षार्थी हिन्दी-अंग्रेज़ी शब्दकोश** डॉ. हरदेव बाहरी, **राजपाल अंग्रेज़ी-हिन्दी शब्दकोश** डॉ. हरदेव बाहरी, **राजपाल अंग्रेज़ी-हिन्दी पारिभाषिक शब्दकोश** डॉ. हरदेव बाहरी, **राजपाल हिन्दी-अंग्रेज़ी थेसॉरस** गोपीनाथ श्रीवास्तव, **राजपाल अंग्रेजी-हिन्दी राजभाषा प्रयोगकोश** गोपीनाथ श्रीवास्तव, **राजपाल लोकोक्ति कोश** हरिवंश राय शर्मा, **राजपाल साहित्यिक मुहावरा कोश** हरिवंश राय शर्मा, **राजपाल साहित्यिक सुभाषित कोश** हरिवंश राय शर्मा, **विद्यार्थी हिन्दी शब्दकोश** डॉ. ओमप्रकाश, **शब्दार्थ-विचार कोश** आचार्य रामचन्द्र वर्मा, **शब्द-परिवार कोश** डॉ. बदरीनाथ कपूर, **व्यावहारिक उर्दू-हिन्दी शब्दकोश** डॉ. सैयद असद अली, **कहावत कोश** समर सिंह

विश्वकोश : संदर्भ-ग्रंथ

विश्वकोश-I (पृथ्वी-आकाश-खनिज) डॉ. बालकृष्ण, **विश्वकोश-II (आविष्कार-खोज)** डॉ. बालकृष्ण, **विश्वकोश-III (जीव-जंतु : पेड़-पौधे)** डॉ. बालकृष्ण, **विश्वकोश-IV (विज्ञान-वैज्ञानिक)** डॉ. बालकृष्ण, **भारतीय संस्कृति कोश** लीलाधर शर्मा पर्वतीय, **भारतीय चरित कोश** लीलाधर शर्मा पर्वतीय, **अंतरराष्ट्रीय व्यक्ति कोश** विश्वमित्र शर्मा, **भारत रत्न** विश्वमित्र शर्मा, **20वीं सदी के सौ प्रसिद्ध भारतीय** विश्वमित्र शर्मा, **नोबेल पुरस्कार कोश** विश्वमित्र शर्मा, **नोबेल पुरस्कार सम्मानित भारतीय** विश्वमित्र शर्मा, **भारत के राष्ट्रपति** भगवतीशरण मिश्र, **भारत के प्रधानमंत्री** भगवतीशरण मिश्र, **नोबेल पुरस्कार विजेता साहित्यकार** राजबहादुर सिंह, **विश्व के महान वैज्ञानिक** फिलिप केन, **विश्व की महिला अंतरिक्ष यात्री** कालीशंकर, **भारतीय भाषाओं के पुरस्कृत साहित्यकार** डॉ. आरसू, **50 क्रांतिकारी** राजेन्द्र पटोरिया, **100 प्रसिद्ध भारतीय खिलाड़ी** चित्रा गर्ग

उपन्यास

मानस का हंस (पुरस्कृत) अमृतलाल नागर, **नाच्यौ बहतु गोपाल** अमृतलाल नागर, **खंजन नयन** अमृतलाल नागर, **बिखरे तिनके** अमृतलाल नागर, **पीढ़ियां** अमृतलाल नागर, **करवट** अमृतलाल नागर **सेठ बांकेमल** अमृतलाल नागर, **भूख** अमृतलाल नागर, **सात घूंघट वाला मुखड़ा**

अमृतलाल नागर, **सोमनाथ** आचार्य चतुरसेन, **वयं रक्षामः** आचार्य चतुरसेन, **बैशाली की नगरवधू** आचार्य चतुरसेन, **सोना और खून** (चार भागों में) आचार्य चतुरसेन, **कब तक पुकारुं** रांगेय राघव, **घरौंदा** रांगेय राघव, **न आने वाला कल** मोहन राकेश, **समग्र उपन्यास** कमलेश्वर, **कितने पाकिस्तान** कमलेश्वर, **एक सड़क सत्तावन गलियां** कमलेश्वर, **काली आँधी** कमलेश्वर, **सुबह दोपहर शाम** कमलेश्वर, **रेगिस्तान** कमलेश्वर, **अभिज्ञान** नरेन्द्र कोहली, **आतंक** नरेन्द्र कोहली, **साथ सहा गया दुख** नरेन्द्र कोहली, **जंगल** नरेन्द्र कोहली, **एक नौकरानी की डायरी** कृष्ण बलदेव वैद, **शिकस्त की आवाज़** कृष्ण बलदेव वैद, **नर नारी** कृष्ण बलदेव वैद, **एक इंच मुस्कान** राजेन्द्र यादव/मन्नू भंडारी, **जंगल के फूल** राजेन्द्र अवस्थी, **अकेली आवाज़** राजेन्द्र अवस्थी, **कुहरे में युद्ध** शिवप्रसाद सिंह, **औरत** शिवप्रसाद सिंह, **रात भारी है** अमृता प्रीतम, **कैली कामिनी और अनीता** अमृता प्रीतम, **जलते बुझते लोग** (एक ही जिल्द में तीन उपन्यास) अमृता प्रीतम, **यह कलम यह कागज़ यह अक्षर** अमृता प्रीतम, **ययाति** वि.स. खांडेकर, **कोणार्क** प्रतिभा राय, **उसका अपना आकाश** प्रतिभा राय, **चित्रप्रिया** अखिलन, **एक गधे की आत्मकथा** कृश्न चंदर, **तापसी** कुसुम अंसल, **पहाड़ चोर** सुभाष पंत, **गोदान** प्रेमचंद, **गबन** प्रेमचंद, **औरतें** खुशवंत सिंह, **समुद्र की लहरों में** खुशवंत सिंह, **मुजरिम हाज़िर** विमल मित्र, **कुली** मुल्कराज आनंद, **अछूत** मुल्कराज आनंद, **सात साल** मुल्कराज आनंद, **दिशाएं बदल गईं** नरेश भारतीय, **सावित्री** व्योहार राजेन्द्रसिंह **कुली बैरिस्टर** राजेन्द्रमोहन भटनागर, **गौरांग** राजेन्द्रमोहन भटनागर, **गाइड** आर.के. नारायण, **स्वामी और उसके दोस्त** आर.के. नारायण, **वध** मनहर चौहान, **जिहादी आतंकवाद** शंकर शरण, **महारानी झांसी** शांति नारायण, **चाणक्य और चन्द्रगुप्त** हरिनारायण आपटे।

कविता

मधुशाला बच्चन, **मधुबाला** बच्चन, **मधुकलश** बच्चन, **खैयाम की मधुशाला** बच्चन, **मेरी श्रेष्ठ कविताएं** बच्चन, **निशा निमंत्रण** बच्चन, **जाल समेटा** बच्चन, **दो चट्टानें** बच्चन, **सतरंगिनी** बच्चन, **मिलन यामिनी** बच्चन, **आत्मिका** महादेवी, **नीलांबरा** महादेवी, **दीपगीत** महादेवी, **चुनी हुई कविताएं** अज्ञेय, **गीतांजलि** रवीन्द्रनाथ टैगोर, **साधना** रवीन्द्रनाथ टैगोर, **पथ का गीत** रवीन्द्रनाथ टैगोर, **आखिर यह मौसम भी आया** रमानाथ अवस्थी, **क्या खोया क्या पाया** अटलबिहारी वाजपेयी, **अंग्रेजी के श्रेष्ठ कवि और उनकी श्रेष्ठ कविताएं** कुलदीप सलिल, **अन्तरा** विश्वनाथ।

कहानियाँ

मोहन राकेश की संपूर्ण कहानियां मोहन राकेश, **अज्ञेय की संपूर्ण कहानियां** अज्ञेय, **एक दिल हज़ार अफ़साने** अमृतलाल नागर, **मालगुड़ी की कहानियां** आर.के. नारायण, **सत्यजित राय की कहानियाँ** सत्यजित राय, **समग्र कहानियां** कमलेश्वर **मेरी प्रिय कहानियां** अज्ञेय, आचार्य चतुरसेन, भगवतीचरण वर्मा, रांगेय राघव, अमृतलाल नागर, मोहन राकेश, निर्मल वर्मा, राजेन्द्र यादव, कृश्न चन्दर, कमलेश्वर, मन्नू भंडारी, फणीश्वनाथ रेणु, यशपाल, इलाचन्द्र जोशी, भीष्म साहनी,

राजपाल